U0530761

新周期投资策略

变局时代的财富逻辑

管清友 / 著

中信出版集团 | 北京

图书在版编目（CIP）数据

新周期投资策略：变局时代的财富逻辑 / 管清友著. -- 北京：中信出版社, 2023.10（2023.11重印）
ISBN 978-7-5217-5955-6

Ⅰ.①新… Ⅱ.①管… Ⅲ.①投资－基本知识 Ⅳ.①F830.59

中国国家版本馆 CIP 数据核字（2023）第 154117 号

新周期投资策略——变局时代的财富逻辑
著者： 管清友
出版发行：中信出版集团股份有限公司
（北京市朝阳区东三环北路 27 号嘉铭中心 邮编 100020）
承印者： 嘉业印刷（天津）有限公司

开本：880mm×1230mm 1/32　印张：8.75　字数：162千字
版次：2023 年 10 月第 1 版　印次：2023 年 11 月第 2 次印刷
书号：ISBN 978-7-5217-5955-6
定价：68.00 元

版权所有·侵权必究
如有印刷、装订问题，本公司负责调换。
服务热线：400-600-8099
投稿邮箱：author@citicpub.com

目 录

前言　变局时代的财富逻辑 / V

第一章　宏观大势与资产配置

经济环境与投资的关系 / 003

2012—2022 年财富波动的脉络 / 012

普通投资者如何应对变局 / 019

资产配置的四大工具 / 027

分散投资，规避风险 / 037

第二章　A 股变局：大分化与再平衡

全面注册制：投资风险加大与应对方案 / 049

A 股市场定价逻辑：新的定价周期要来了 / 057

A 股市场资金面观察：谁在供水，谁在抽水 / 066

从宏观到微观：2023 年 A 股市场的流动性 / 074

风格轮动：大盘还是小盘？成长还是价值？ / 085

第三章 行业配置：新周期的行业机会

投资时钟：经济周期与行业配置 / 099

消费股：2023年王者归来 / 112

新消费主义：后疫情时代的消费重启脉络 / 121

成长股：技术生命周期与估值泡沫 / 130

人工智能：ChatGPT开启全球竞赛 / 140

新能源：双重隐忧与产业链价值重塑 / 146

第四章 股票投资：如何选出好股票

解开A股滞涨之谜：股价与基本面 / 155

相对估值法：探索具有中国特色的估值体系 / 162

绝对估值法：巴菲特为什么减持比亚迪股票 / 169

硬核企业：如何评估核心竞争力与护城河 / 175

第五章　进阶投资：基金、房产与黄金

基民必修：提升认知，不当"韭菜" / 189
进取型：选择股票型基金的四个标准 / 195
保守型：低风险基金投资策略 / 202
全球配置：QDII 基金投资指南 / 212
房市预测：影响未来房价的关键因素 / 218
暴涨结束：京沪深的房子还要不要买？ / 226
风险预判：哪几类房子不能买 / 236
黄金市场预测：保持谨慎的乐观 / 245

第六章　规避风险：打赢财富保卫战

长期主义：个人养老金投资指南 / 255
避坑指南：如何避免财富大幅度缩水 / 263

前 言

变局时代的
财富逻辑

说起投资这件事，每个人都很重视，但每个人又很焦虑，我相信大家焦虑的点不太一样。

从宏观数据来看，我们确实处在一个经济环境巨变的十字路口，也处在一个财富巨变的十字路口。2021年中国的GDP（国内生产总值）超过110万亿元，相当于改革开放头25年的总和。也有学者统计，2021年中国的家庭户均资产已经达到134万元。好多人马上就会自嘲说："我又拉低了平均数。"

即便如此，大家还是越来越焦虑。有的人嫌自己的财产和资产增值速度比邻居、同事、朋友的慢；有的人投资亏了钱；有的人觉得投资很重要，却投资无门。过去这些年，我们踩的坑确实越来越多。

我讲过一句话："投资是大部分人亏钱最快的方式，但是你不能不投资。"在现在这个时代，投资的品种越来越多，投资的环境越来越复杂，做选择越来越难。我在很多场合跟很多普通投资者交流过，我有一个感觉，那就是大家对经济学知识、金融学知识了解得比我还清楚，但是大家越来越觉得无从下手。十几年前，你不太需要买房、买信托、买理财产品，再不济，把钱存到银行也有5%以上的利息。但现在不一样了，房价下跌的城市越来越多，房地产市场能不能稳住还是个大问题。原来大家觉得最安全的银行理财产品也出现了很多"雷"，很多人还踩了"坑"，银行的利率也出现了腰斩。

在这样一个财富巨变的时代，我们都清楚投资理财成了一个必需品。当然，确实也没有一种资产可以永远保值、永远没有风险，我们不得不做出选择。大家都听过一句话："选择永远比努力更重要。"

我参加一些投资者活动、高净值客户活动的时候，经常有人问我："管老师，您怎么看今天的房价？还能不能买A股，能不能投资？"有的说得更直接："您私下里告诉我们一些代码行不行？"我相信很多人都遇到过这种情况。

虽然一些人一直在投资股票、投资基金、买卖房子，甚至到海外置业，但很多人其实是跟着感觉走的，或者有熟人推荐。有些人对宏观政策非常熟悉，讲起GDP、CPI（消费价格指数）一套一套的，但在买卖具体的股票、基金品种时却非常随意。很多人到菜市场买菜都斤斤计较，但是买股票、买房子时，投资几十万、几百万、上千万元，眼都不眨一下。也有一些朋友言必称价值投资，对一个行业、一个公司研究得很细，但是经常忽视风险对冲，当这个行业、这个公司突然遭遇政策管控或者市场的巨大冲击时，他们就会措手不及。

这些情况我就不一一列举了。我想在本书中给大家讲三个方面的问题，或者说三个方面的趋势。第一，现在的经济环境到底发生了什么样的变化，为什么我们每个人都要转变思路？第二，我们到底该怎么办？第三，在现在这样一个大环境下，投还是不投？投什么？在哪里投？我想把这些问题梳理清楚，分门别类地为大家阐述。

无论你是大投资人还是小投资人，都有点像在黑暗的森林里打猎的猎人。其实我们也清楚，这里有很多风险、很多陷阱，我们很难改变森林里的生态环境。同样，股市的生态环境很难被个体改变，但是我们又必须在这样一个充满风险的森林里打猎。打猎的方式很多，每个人都想成为优秀的猎手，但是我想告诉大家的是，绝大部分人可能进入森林后就再也出不来了。在本书中，我会尽可能地把我了解到的森林，以及这片森林里可能存在的各种风险、打猎所需装备等告诉大家，让大家不要掉进陷阱，不要在打到猎物之前就遇到危险。

要完全规避风险，并在合适的时间抓住机会，其实特别难。投资越来越难，风险越来越大，环境越来越复杂，所以我想和大家一起交流学习，探讨在总体上经济增长由高速变为中高速的过程中，以及在这之后，我们的投资方式、投资策略应该如何转变，如何尽可能地规避风险。当然，尽管拐点来了，我们也希望能抓住机会。

目标很明确，但是要达到这个目标比较难。我在学习，大家也需要学习。我自己深刻地感受到，百年未有之大变局切切实实地发生在我们每个人身边了。从财富管理、投资理财到资产配置，我们都需要调整思路，而且大部分人的选择余地并不大。在这样一个有限的环境、有限的选择空间里，我们需要付出比别人更多的努力，学会选择，提高认知。所以，我希望和大家一起参加这场投资的修行之旅。

祝你好运！

第一章
宏观大势与资产配置

经济环境与投资的关系

在这一节中,我们将探讨经济环境的变化与投资理财、资产配置的关系。很多人都会就经济运行或者经济变化发表一些自己的看法,现在做经济分析的门槛其实不高,人人都可以是"经济学家"。但是,从投资理财、资产配置的角度,很多人却认识不到经济环境巨变对我们的影响。

近年来,世界经济环境发生了非常大的变化。那么,作为普通的投资者,我们应该怎么看待这种变化?它对我们有什么影响?

首先,我们要明确,到底发生了什么变化。这个变化就是,整个世界经济,包括中国经济,从过去的高增长、低通胀、低波动,转向了低增长、高通胀、高波动。这个转变不仅仅会影响我们一年、两年、三年,还可能影响我们几十年。可以说,大部分人在有生之年面临的都是这样一个低增长、高通胀、高波动的环境。过去我们经历的高增长、低通胀、低波动，是非常繁荣的一个周期。而我们未来面临的周期，会处于一种风险增加、波动性增加，但是经济相对低迷的状态。

这种低迷的状态会持续多久？没有人能够给出准确的答案。但有一点已经达成共识：会持续很长时间，甚至是我们这些人的有生之年。

与此同时，国际关系也发生了非常大的变化。我们可以说大国关系发生了变化，比如中美关系，而且这个变化恐怕要持续相当长的时间。随之而来的是逆全球化、供应链的碎片化和重构，以及这些变化产生的连锁反应。从中国的角度看这些变化，我讲三个故事，大家就清楚了。

经济周期的交替：开餐馆的故事

第一个故事是开餐馆的故事。假设一个地方已经有了三家餐馆：美国汉堡包店、日本料理店，还有法式餐厅。后来，一家中国人也来开餐馆了，不光能做粤菜、川菜、湘菜、鲁菜，还做得特别好吃。而且中国人勤奋，别人上午10点开门，下午5点打烊，中间还得午休，咱们是七大姑、八大姨都"996"甚至"007"连轴转。成本控制得很低,劳动时间拉得很长,做的菜还特别合顾客的口味,于是顾客都去中餐馆消费了。

吃饭的人都去了中餐馆,其他餐馆就受到了影响,中餐馆自身其实也遇到了一个问题:即便顾客都到中餐馆来了,一天也只有这么多人吃饭,一个人一天也就吃三顿饭,即使加上夜宵也才四顿,餐馆已经没有多少发展潜力。这家中餐馆遇到的问题也是中国制造遇到的问题和挑战:我们今天遇到天花板了,而且别的国家对我们是有意见的。

那么,怎样突破天花板,怎样缓解对其他餐厅的压力,就是我们要解决的问题。

世界秩序的重构:打麻将的故事

再来说一个打麻将的故事。比如有一场牌局,日本、欧洲、美国都参加了,随后中国也来了,大家都觉得中国不会从三个牌场老手手中赚到钱。但没想到,新手手气特别壮,打了4圈,结果中国赢了,再打4圈,还是中国赢。这就像中国在很多中高端制造领域、科技领域突飞猛进,大大超出"牌友们"的预料。中国的出口结构,从原来主要出口中低端产品开始转向出口中高端产品。我们不光能赚到加工制造的钱,而且开始赚装备的钱,赚科技的钱。

这有点像中国国家乒乓球队,总是"独孤求败",即使规则改变,依然无往不胜。这也是中国现在面临的问题,因此新一轮所谓的规束也就来了,不光规则改变,而且别的国家退出了竞争,理由当然很充分。这里涉及意识形态,涉及大国关系,涉及贸易利益,当然也涉及价值观的冲突,这是世界秩序在重构。

实际上,逆全球化从来没有发生在美国、日本、欧洲,这也是我们现在面临的一个巨大挑战。要知道,中国庞大的生产加工能力需要庞大的全球市场。我们是有韧性的,但是国际环境确实发生了非常大的变化,而且这种变化是不可逆的。有学者讲,这是一个结构性冲突:它要求你变的,你变不了;你希望它变的,它也变不了。这种世界秩序的重构会带来很多连锁反应,甚至大国之间的冲突,这也是我们正在经历的。

所以,在这个时候考量资产配置、投资理财,当然和在相对和平、比较稳定的环境下考虑的因素不一样。

价值形态的回潮:过日子的故事

再讲第三个故事:过日子的故事。中国人对大家庭过日子都很熟悉，兄弟姐妹都在一个屋檐下生活，很多传统的大家族，吃饭都要在一起。兄弟姐妹经过多年的发展，每个人及各自小家庭的情况可能不太一样，有的过得好一点、富裕一点，有的过得差一点、贫困一点。

这个时候，大家长就要考虑，如何让生活境遇差一点的兄弟姐妹情况好转，想方设法提升他们的生活水平。我们也要看到，过得好的兄弟姐妹，肯定有他们的原因。也许他们有手艺、有绝活，还可能因为他们抓住了市场机会。无论如何，兄弟姐妹之间的差距出现了。

你会发现，在你所居住的地方，这种差异也越来越大。其他家庭、其他家族也面临子女之间收入、资产、生活境况出现巨大分化的情况。

今天，许多国家也开始探索怎样改善国民的生活境遇。2022年10月，曾经在2002年当选巴西总统的卢拉再次当选该国总统，他承诺大力解决就业、教育、贫富悬殊等问题，致力于改善那些生活境遇不太好的国民的生活状况。为什么2008年以后美国出现了占领华尔街运动？因为大家觉得金融部门拿钱太多了，还造成了金融危机，但最后承担巨大社会成本的是普通老百姓。所以，过日子的故事不光发生在中国，也发生在全球其他国家。

中国经济面临的三重转换，一是经济周期的交替，二是世界秩序的重构，三是价值形态的回潮。从全球经济看，我们正好处在上一波技术创新周期的末段，正在经历相对的衰退和萧条。要知道，衰退、萧条的时间是比较长的。过去40年，中国经济经历了高速增长，特别是抓住了过去20年全球化的机会，国内又如火如荼地开展了城镇化。

现在，全球化逆转了，城镇化的速度降下来了，经济增长的速度也降下来了。速度降下来之后，原来隐藏的很多问题都出现了，很多矛盾也随之暴露出来。就像一个公司，营收利润高速增长的时候不会出现什么问题，大家都很开心；但当营业收入、利润增长降下来后，原来被掩盖的很多矛盾就都出来了，不仅年终奖可能要少发，甚至还可能要裁员，还要调整组织架构。

普通投资者的烦恼

这个时候我们应该怎么去思考自己的投资理财策略？从原则上讲，我们当然要稳健地进行投资。我们可以进行价值投资，此时我们要知道自己的能力范围、安全边界，要找到优秀公司，要坚持长期主义。我们也可以进行资产配置、分散投资,要抓住资产轮动时机,要有宏观视野,也要坚持长期主义。但是对大部分人而言,依然无从下手。

我对身边很多朋友说,投资时不要想那么多,你不可能知道一家公司到底怎么样,你无法预测股市,你也无法预测债市。在现在这样一个低增长、高通胀、高波动的时代,对大部分普通老百姓而言,我觉得只有两种选择:有一定资金积累的,多买点保险;有一定专业知识的,换点不同国家的外汇,或者买点黄金。如果没得选,那么你要做的就是保住工作,保住饭碗,尽可能到收入增长比较快的行业或公司工作。

当然,在极其内卷的环境中,你会发现可选择的余地并不大,大部分人无法摆脱内卷,没有更多的选择,只能在这个内卷的赛道上争取不被卷下去。只有一小部分人能够摆脱内卷,跨到热门赛道上去,这需要专业能力、认知能力,当然也需要极好的运气和机会,正所谓天时地利人和。

我们需要清楚,要获得来自投资标的本身的超额收益,也就是我们说的 α 收益,越来越难了。市场收益,就是我们经常讲的 β 收益,其实也越来越难获得,因为风险越来越大,波动也越来越大。因此,我们要获得无风险收益就更难了。

无论是 α 收益、β 收益,还是无风险收益,都越来越难获得了。过去整个电梯在往上走的时候,我们既能获得 α 收益，也能获得 β 收益，甚至获得无风险收益（见图1-1）。而现在好的情况是爬楼梯，肯定不是乘坐电梯往上走；而坏的情况是，电梯甚至在往下走。

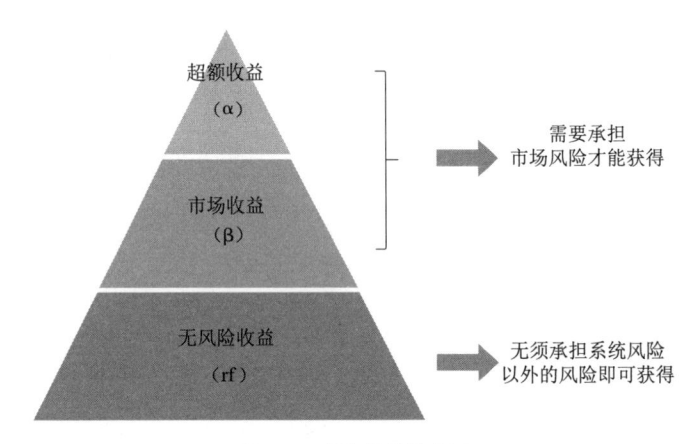

```
        超额收益
         (α)
                        →  需要承担
         市场收益            市场风险才能获得
         (β)

        无风险收益       →  无须承担系统风险
         (rf)              以外的风险即可获得
```

图1-1 投资收益的来源

这就是今天我们大部分人必须面对的情况。对于这个问题，我觉得不要想当然，不要总觉得有若干投资机会、投资方法，只要抓住了机会、学会了方法，就可以一夜暴富，实现财务自由。对绝大多数人而言，在这个时候能少亏一点，资产少缩水一点，少遇到一点风险，尽可能地规避风险，已经非常好了。

我相信看到这里，很多人会说："那行了，管老师，后面的我就不看了。既然如此，我就猫着。"其实越是在这个时候，我们越需要提高自己的专业能力和认知能力。这是我的切身体会，也希望大家能明白这一点。

看完本书之后，我相信大部分人会知道自己的财产是怎么缩水的，投资是怎么亏钱的。你会发现，虽然机会没那么多，但也不是没有机会。

我相信对于有准备的人，未来市场还会给我们好机会、好运气。

2012—2022 年
财富波动的脉络

在这一节中，我们来聊一聊 2012—2022 年财富波动的脉络，重点是预判未来会发生什么。尽管预判未来非常难，但是从资产配置、管理财富的角度，我们又不得不去预判未来。要预判未来，知道过去的脉络就显得特别重要。我不打算讲书本上已经有的东西，我就讲我自己的经历。

中国金融 10 年回顾

过去 10 年我正好经历了一个经济下行周期。2012 年我刚从央企到券商工作的时候，对金融市场的感触并没有那么深。在经历了 2008 年的金融危机后，2009 年的"一揽子计划"刺激政策促使经济快速反弹。央企发展很快，投资很大，金融市场也随之反应。现在看来，2008 年确实是标志性的一年。可以说，世界各国合作应对金融危机，全球经济快速走出了危机。

但是到了 2012 年，国内经济增长乏力，增长速度开始下滑。后来官方提出了"新常态"，提出了供给侧结构性改革，又提出"三去一降一补"。2018 年，中美贸易冲突加剧，我们称之为"特朗普冲击"。2019 年，经济、市场都出现复苏。随后，2020 年新冠肺炎疫情暴发，持续到 2022 年年底。2022 年是极为特殊的一年。这是经济的大脉络。

至于资产市场，2012 年我到券商工作后才了解到，当时整个市场非常不景气，正处在 2009 年以后那一轮股市大反弹后的熊市，卖方的日子特别艰难。

2013 年，以政信合作为代表的金融业务模式推进得如火如荼。什么叫政信合作？就是政府和信托公司合作。政府要搞基础设施建设，要修路、架桥、盖房子，信托公司则为地方政府融资。但当时股市表现不好，2014 年上半年，市场上一片悲观，认为熊市没有转牛的可能性。2015 年上半年，投资者经历了一轮史无前例的大牛市，6 月却出现了大股灾。现在看来，出现这些现象的一个重要原因，就是 2014 年上半年的定向降准、差别降息，以及当年第四季度开始的全面降准降息。此外还有一个重要因素，即融资杠杆被放开或者被放大。

所以这一轮市场实际上是典型的"杠杆牛",也有人说那可能是"国家牛",因为国家似乎有一些意图,希望通过股市的上涨带动整个融资环境的改善,从而带动整个经济。

2015年下半年,全国的楼市价格开始上涨,上涨幅度非常大。据我们分析,这与棚户区改造货币化有非常直接的关系。无论对于股票还是房地产市场,2015年都是一个标志性的年份。尽管过去了这么长时间,但我回想起那一轮股票上涨、后来的股灾,以及房地产价格的上涨,很多事情还历历在目、记忆犹新。

2015年下半年开始的那轮房地产价格上涨一直持续到2017年第一季度。同时,政策面开始发生变化,要求去杠杆,控制金融泡沫。宏观经济学界当时在探讨什么?金融业过度繁荣,政策面关注到了资产泡沫,因此要降温,要防风险。所以在2017年,我们就意识到政策层面的变化会对资产市场和很多相关企业产生巨大的影响。因为大家知道,金融一旦开始收缩,后面就会有一连串的反应,很多杠杆要被挤掉,很多企业将会受到影响,过去那种高杠杆的游戏结束了。

但说实话,从2017年到现在,这几年的变化大大超出了我们的预期。也可以这样说,我们猜到了开头,但没有猜到结尾。于是我们开始思考,我们该怎么办,如何穿越金融下行周期。我们也开始思考,当这样一个金融去泡沫、挤泡沫的过程开始之后,资产市场的反应到底会如何。2017年金融开始去杠杆以后,真正的影响发生在2018年。而2018年年初我们又遇到了什么呢?中美贸易冲突。所以在那一年,股票市场上的表现实际上集中反映了国内的去杠杆和中美贸易冲突。我相信每个人对2018年都记忆犹新,我们看到的是贸易冲突,而这一年资产市场的表现也相当惨烈。但是要注意,尽管股市表现不好,楼市却异常坚挺,很多二、三线城市的房价甚至出现上涨。这种上涨的趋势一直持续到2019年,这是很有意思的现象。

当时,面临房地产行业到底向何处去、房地产企业该如何选择的问题,很多企业做出了选择。有些企业断臂求生,有些企业主动去杠杆、甩卖资产,这些企业都是较早做出决定的。然而,大部分企业没有逃过金融去杠杆、贸易冲突,以及后来针对房地产的"三条红线"的严格管控的影响。

后来,一些头部房地产企业陆续爆雷,并影响到上市公司。很多上市公司也被迫去杠杆,甚至引发了连锁性的金融风险。可以这样说,2017年以后,整个金融股票市场的走势大大超出了我们的预想。

这有点像蝴蝶效应,当金融开始收缩和整顿,会产生连锁反应。但到底怎样反应，是由很多因素决定的，就像黑箱一样，我们看不清楚。

我们没有想到，经济和很多企业会遭受到如此大的冲击，这就是我们在 2019 年经历的事情。

随后新冠肺炎疫情暴发。整个股市在 2020 年迅速实现了 V 形大反弹，2021 年还出现了一个结构性牛市，表现不错。真正惨淡的是 2022 年。先是 2022 年年初，俄乌冲突爆发。随后是三四月份，上海受疫情影响采取封控措施，整个股票市场从 4 月底开始才略有反弹。随着 2022 年年底疫情防控政策的调整，加上人们对 2023 年经济恢复的预期，2023 年春节前后，股票市场表现不错。

三个共识

过去 10 年，股市、楼市的变化，与整个经济周期、政策周期、国际局势的变化都有直接关系。在 2023 年这个时点，尽管面对众多不确定因素，但是关于未来的趋势，有几点大家是有共识或者说共识度比较高的。

第一，中美之间的博弈会不断加剧。这个博弈真真切切地会影响到股市、利率、资产价格，也会影响到企业的中长期发展。

第二，中国经济在疫情防控政策调整以后会有所复苏。2023年的经济形势肯定会比2022年好，但是，想回到过去那种高增长的状态是不太可能了，经济增速的下降可能要经历相当长时间。

这意味着什么？意味着赚钱越来越难了。上市公司越来越难盈利，那么股票市场基于盈利快速增长的逻辑也就不存在了。

很多人问，这个时候股票市场是不是可能因为货币放水而出现所谓的资金牛市？这就涉及我要跟大家讲的第三个共识：中国在稳定经济、推动复苏过程中会适度地放水，但是想再度出现2014年、2015年的那种情况，像欧美国家那样搞量化宽松，几乎是不可能的。

目前我们判断，中国在政策层面、流动性层面是相对比较保守的。同时我们看到，受三年疫情以及过去五年诸多因素变化的影响，人们的心态发生了非常大的变化，大量的钱不再用于扩大再生产、投资、买房，而是用于防御性储蓄。由于国有企业的突飞猛进，大量资金没有进入所谓效率更高的民营企业，而是进入了国有企业。于是就出现了两个高增长，一是M2（广义货币供应量）、社会融资高增长，二是居民储蓄高增长，同时还有巨大的漏出。

新资产配置逻辑

总的来说，未来的趋势是中美关系发生变化，经济增速下降，同时货币政策、财政政策相对稳健。因此，从资产配置的角度看，我们已经从积极型资产配置转向了保守型资产配置。

从品类上来讲，我们更看重能够稳定盈利的产品。受政治环境、市场环境影响没那么大的上市公司，我们称其具有韧性的价值和价值的韧性。这样的公司必须能够应对各种市场波动，稳定地盈利，哪怕盈利减少。这类公司必将受到青睐。

此外，消费的分化、下沉可能也是大势所趋。我们要在国与国之间的关系变化以及一些国家政策的调整中看到机会，比如外汇市场的机会、黄金市场的机会。

举个例子，日本央行新行长上任，日本面临着货币政策转向的问题，那么日元会不会贬值？未来有升值的空间吗？这是我们需要思考的问题。

财富管理、资产配置都与经济周期、政策周期和国际环境紧密相关。未来我们的财富管理和资产配置需要更加稳健。希望大家能够通过自己的学习，抓住机会，放眼长远。

普通投资者
如何应对变局

我已经从中美关系、逆全球化、价值形态回潮、房地产周期等角度讲了整个经济环境的变化，简要地说，就是我们不能再考虑经济高增长，我们要面对的是一个相对衰退的大环境，以及中美关系长期存在结构性矛盾，人口负增长、老龄化、少子化等问题。这个时候，我们应该怎么看待股票、基金、房地产、黄金、外汇呢？

股票与基金

首先我要强调，我不建议大部分投资者直接下场炒股，因为即便对上市公司特别了解，也未必能赚到钱。投资和交易是两回事，交易是个非常复杂的系统，也是个技术活儿。茅台的股票是不是足够好？但很多人炒茅台的股票就是赚不到钱，因为我们很难规避人性的弱点。而且交易本身受太多因素影响，我们很难在市场涨涨跌跌的过程中赚到钱。

如今中国人的资产配置确实发生了变化：不动产的比例在不断地降低，金融资产的比例在提高。金融资产包括股票、基金，还有外汇、各种各样的保险、债券等等。

所以从长期来看，我们未来肯定要去投资更多的金融资产，但这并不是说一定要下场炒股，大部分人其实还是通过直接买基金或者银行的理财产品、保险公司的保险资产管理产品去投资基金和股票的。如果专业水平高一点，可以直接买基金；如果对市场没那么了解，可能更多的是通过银行理财产品、保险资产管理产品去买基金。近两年，银行理财产品也出现了一些让人意想不到的问题。为什么？因为收益率越来越低，而利率成本很高，保险公司、银行的理财产品的收益率无法覆盖它的成本。换言之，专业的金融机构现在也面临极大的挑战。所以，是直接买基金，还是通过银行理财产品和保险资产管理产品去买基金，主要看个人的情况。

但无论如何，我认为在基金、保险资产管理产品、银行理财产品中，相对而言，基金的风险最大。因为很多人把买基金变成了炒股票，追涨杀跌，导致出现"基金赚钱，基民不赚钱"的情况。大部分人总是希望高抛低吸，但最后都是高吸低抛，对普通投资者而言，如果能够认识到这一点，心态也就放平了。

更好的方式还是买投资型保险产品，以及我们了解得比较清楚的大银行的理财产品。很多人想熟悉市场，跟踪市场的波动，锻炼自己的投资、交易实战能力，这无可厚非。你可以拿出一小部分资金这样做，但一定要清楚，无论是直接买卖股票，还是买卖基金，风险都是很大的。更何况在全面推行注册制以后，中国资本市场的发行、监管方式发生了重大变化，对大部分普通投资者而言，选股票的门槛更高了。过去的资本市场是供销社模式，现在是超市模式。普通投资者进了这个超市会眼花缭乱，根本无从选择，因为每个公司从研究报告上看都挺好，但其中风险很大，很多股票会成为"仙股"，无人问津。

大家要认识清楚，股票发行采用注册制以后，普通投资者炒股的难度比原来提高了1万倍。大部分人其实还是应该通过银行、保险公司这样的专业机构去买基金、买股票，这些机构会帮助你配置。你是以1年、3年、5年还是10年为投资期限？不同期限有不同的产品设计。即便你想直接下场，也一定要在自己的风险承受能力之内，同时切记，不要加杠杆，不要借钱炒股。

房地产

我相信大家都非常关注房市，特别是在 2021 年第四季度以后，全国性救市此起彼伏。2022 年中央经济工作会议体现出了对房地产的高度重视，各大银行都在降利率，各地也都为保交楼推出了一系列措施，在很多城市的房地产买卖中，我们确实看到出现了一个小阳春。比如 2023 年春节以后，北京出现了成交量的增多。需要注意的是，每年春节到正月十五左右，都会出现成交的活跃。

这一轮交易之所以活跃，既是因为疫情压抑后的恢复，也是因为各种救市措施在一定程度上起到了作用。这轮活跃到底是会持续下去，还是会戛然而止，我们还需要观察整个 2023 年不同城市的数据，特别是新一线城市的数据。那么，最坏的情况是什么？

客观地讲，中国的房地产行业已经发展到了一个新的阶段，过去的所谓"三高式"增长——高杠杆、高周转、高负债，在企业这个层面已经不可能存在了。从政策层面来看，2017 年以后的金融整顿、2020 年以后"三条红线"的管理，使得"三高"模式不复存在。这种模式的转化影响非常大。新的模式到底是什么，目前还不清楚。现在房地产政策的要害就在于保交楼、控风险，同时稳住一些重要城市的房地产市场，扭转预期或者稳定预期。所以，在一线城市生活和在四线城市生活的人的选择是不一样的，拥有十套房子、两套房子和一套房子的人的选择也不一样。

我认为，对于刚需和改善换房这类需求，在一线、新一线城市，2023年还算是个不错的时间窗口。对于投资和投机，现在不是没有空间，而是空间被大大地压缩了，或者说投资和投机的风险大大增加了，犯错的概率更大了。我们可以问自己一个问题：有多少机会能够买到核心城市真正的"白菜心"的房子？我们相信这部分房产确实有更强的保值增值功能，但绝大部分人其实不可能有机会买到，更何况大部分人也买不起。从房产投资这个角度看，更多的投资可能集中在新一线城市和二线核心城市。

总体上讲，由于中国已经开始出现人口负增长，房地产行业的发展到了拐点。

黄金

我不是特别认可每个人都要去买黄金的说法。我认为黄金的投资功能没那么大，但很多人非常偏爱买黄金。

我过去开玩笑，说黄金最大的功能似乎就是作为实物买来放在手里，让人心情特别舒畅。黄金不生息，如果我们买多了，不能都放在家里，可是放在银行的话，保管费用又比较高；虽然黄金的流动性强，但也不可能买完第二天就去金店把它兑成钱，放的时间长了，可能还有一定损耗。所以我经常讲，投资黄金是高净值人士的标配，但配置比例不宜太大。

我预计 2023 年的黄金市场还是不错的。这主要基于两大原因：一是美元升值告一段落，美元在 2023 年可能表现相对弱势；二是在国际风云激荡、热点事件层出不穷的情况下，投资者有避险需求。所以，我前几年推荐大家配置一点黄金，那个时候黄金的价格是每盎司 1 000 美元多一点，现在每盎司接近 2 000 美元。

我们会发现，黄金增值的幅度其实并没有那么大，而在同样的时间里，其他很多资产的价值可能都翻了一倍。投资黄金是高净值人士的标配，但对普通投资者来说，黄金可买可不买。

外汇

中、高净值人群或者中产阶层在资产配置上持有一定的外汇，也是一个标配。当然，大部分人不通过外汇交易赚钱，主要是为了实现资产多元化或者币种多元化。这些年大家一直在问要不要换点美元，对于中产以上的家庭，我认为还是要储备一定的外币，可以是美元，可以是欧元、日元，也可以三者都有。不用太多，作为未来避险之用，或者以备不时之需，比如孩子出国留学或者自己出国旅游等等。

关于欧元兑美元，目前分歧比较大。一种观点是，欧洲相对于美国韧性更差，未来欧元的表现可能比美元要差；另一种观点认为，欧洲在俄乌冲突缓解或者结束以后，能够度过能源危机，欧洲经济仍然保持韧性，那么欧元的表现相对于美元会更强势。

我的观点介乎这两者之间，欧洲有它的软肋，也有它的韧性。我认为欧元相对来讲是一个不错的品种。我们不光要看欧元相对于美元的强弱，还要看欧元相对于人民币、日元的强弱程度。2023年的一件大事就是日本央行的货币政策转向，一些投资者在2022年美元兑日元汇率为1∶150的时候果断杀入，确实非常果敢，判断也非常精准。

当然，对汇率的判断与对房产和黄金的判断不一样，汇率的波动更剧烈，判断起来更难。所以，我们很难给出未来5~10年人民币兑美元的大概走势，能有个一年内的判断已经非常不容易了。我参加过很多关于汇率的讨论，对于强弱的判断,大家基本上只能给出一些要素,但是市场交易情况最后往往和原来的想法差距特别大。所以对大部分普通人来讲,如果不是专门做外汇交易的,外汇更多是作为一种资产上的配置,即有自己随时能用的美元、欧元或者日元就可以了。还有很多人说,虽然家庭资产不多,但一定要配置一点外汇。我觉得这要看情况,如果你本人或孩子有留学的打算,那还是需要有一点美元或者其他外币的。

这一节,我白描式地梳理了股票与基金,以及房地产、黄金、外汇,供大家参考。无论你是直接投资,还是通过银行、保险公司、资产管理机构做资产配置,重点关注这四大类资产基本上就足够了。有这四大类资产配置,并能够实现保值增值,我相信你就已经跑赢了绝大多数人。

资产配置的
四大工具

在这一节中，我们来讲讲投资理财、资产配置的工具。我们做事总得有工具、有武器，最好是刀枪剑戟、斧钺钩叉一应俱全。然而，大部分人手里其实只有一把水果刀。哪里有刀枪剑戟、斧钺钩叉这些工具？机构有。机构也有不同的风格，有"少林派"，有"武当派"，有"青城派"。当然了，无论是哪一派，都得做名门正派，不要误入歧途。

可供选择的投资工具

普通投资者怎么去看这些工具？我相信大部分人不可能有时间去武术学校，或者去学怎么用刀枪剑戟、斧钺钩叉，我们只能用自己手里的水果刀去投资，现状就是这么残酷。大家对投资理财这件事很焦虑，无论从哪个方面看都会发现，越学习就越焦虑，很难做到佛系。真正能够做到佛系、躺平、躺赢的，都是高手，都已经功成名就了，心态也已经修炼到一定境界了。

想象一下，如果回到20年前，你是不是会买更多的房子？你是不是会买腾讯、茅台的股票？但是，我们肯定回不到20年前了，所以我觉得没有必要焦虑，要调整好心态。让我们看一看，我们可选择的余地到底有多大，可动用的工具到底有多少（见图1-2）。

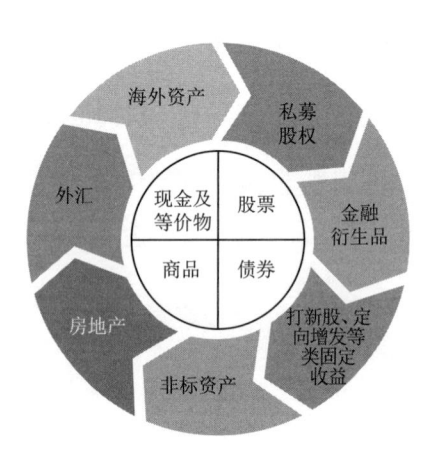

图 1-2 可供选择的底层资产图谱

在可供选择的底层资产中，海外资产涉及房地产、股票、债券、基金，还可以直接持有现金或者货币基金，也可以持有外汇，比如美元、日元、欧元、澳大利亚元。还有人特别精于小币种投资，这种投资难度很大，当然这些人都是高手。还有人炒期货，比如粮食、能源、矿产，但大部分人做不了这件事情。

我们最熟悉的可能就是房地产投资。我的一个朋友曾经问了我一个问题："管老师，你怎么看房地产行业？怎么看房价？"我说："对你来讲，其实没什么好选择或者不选择的。"因为他过去做房地产开发时赚了钱，也早就退出来了，套了很多现金，给自己留了100多套房子。我跟他开玩笑说："北京2022年的房价波动跟你有极大关系。"因为他卖掉了其中50多套。这是特例，其实大部分人没有抓住这个领域的红利。

你也可以做PE（私募股权）投资。但是你会发现，这几年PE投资市场非常惨烈，即便是专业机构也很难做，很多机构都不在了。

那直接下场炒股票行不行？我在多个场合跟大家推心置腹地讲过，对绝大多数人而言，尽量不要直接下场炒股票，因为真的很难赚到钱。

可能有人会说，不是有很多金融衍生品、对冲工具吗？其实,这些也不适合绝大多数人。

那么债券投资是不是波动小一点?是不是可以直接投资债券或者债券型基金?买基金说起来简单,直接投资债券市场,特别是二级市场就可以,但其实也挺难,你需要了解行业,了解信用利差,了解流动性。

还有人热衷于打新股(用资金参与新股申购)。但是随着注册制的全面推开,破发率越来越高,很多人发现打新股也不是稳赚不赔的,有些人虽然运气特别好,中了新股,但当天股价便直接腰斩。

综上所述,我们可选择的余地看起来很大,其实并不大。即便你了解这些可选择的领域、可选择的标的,大环境变了之后,依然要调整自己的思路。

最适合普通人的投资工具

普通人投资可选择四大类产品:股票与基金,房地产,黄金,外汇。如图1-3所示,从投资难度来讲,基础类的是股票、债券、基金,处在中间的是房地产、黄金、外汇。高阶投资难度大、风险大,需要专业知识,对认知能力的要求也比较高,这类投资包括大宗商品投资、海外投资,还有另类投资、PE、

VC（风险投资）等等，大部分投资者不具备进行此类投资所需的抗风险能力、对冲能力和专业知识。

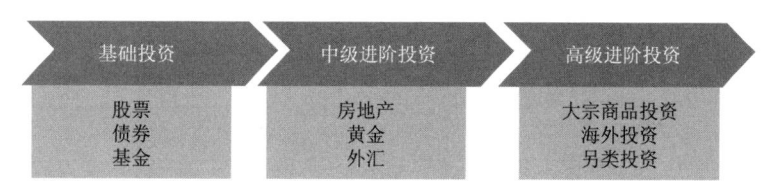

```
基础投资              中级进阶投资           高级进阶投资
股票                  房地产                 大宗商品投资
债券                  黄金                   海外投资
基金                  外汇                   另类投资
```

图 1-3　投资范围的进阶

表 1-1 对股票、债券、大宗商品、外汇的主要特点进行了对比。

表 1-1　主要投资产品对比

	流动性	参与者	影响因素	交易机制	收益特点
股票	好	几乎所有人，散户、机构、海外资金等	相当复杂，但业绩、流动性、风险偏好是核心	T+1，有涨跌停，融资融券	高风险，高回报
债券	一般	以银行、公募基金等机构为主	宏观经济是核心	T+0，无涨跌停，杠杆交易	低风险，低回报
大宗商品	较好	对冲基金、散户等高风险偏好投资者	供需平衡表	T+0，多空双向，保证金交易（有杠杆）	高风险，高回报
外汇	好，交易量大	对冲基金、高风险偏好投资者	散户、机构	24小时 T+0，多空双向，保证金交易（高杠杆）	高风险，高回报

中国市场真正提供给我们的投资工具、投资方式是极少的，我们的股票市场对普通投资者来说并不是一个特别友好的市场，对投资者的保护远远不够。这个时候你会发现，所有的投资理财课、资产配置课程、专业报告，其实都是为专业机构服务的，而不是为普通投资者服务的。你可以发现，每一家银行都有客户分层，客户分层的起点都很高，绝大多数人都不可能进入高客户层。即便有幸进入，你也会发现银行为你提供的服务项目极少。当然，我们也看到，投资与大部分工薪阶层和就业不稳定的人几乎没什么关系。那么为什么我们要了解残酷的现实，了解我们可用的工具呢？

你可以不会耍大刀，但是你要知道有这么一种工具；你可以不会少林功夫，但是你要知道有这个门派。你要清清楚楚地知道投资市场的结构主体、工具，以及你所处的位置。在了解了这些工具之后，我有一句话特别想对大家讲：对我们大部分人而言，更重要的是赚到第一桶金。

有人曾跟我说："管老师，我 2022 年的投资收益率特别高。这一年好多机构都亏钱，特别知名的管理上千亿元资金的机构都亏了百分之二三十，我竟然还盈利了，我有 5 个点的正收益。"我说："你有多少本金？"他说 10 万元。这其实还不错。还有人说："我去年的收益特别好，绝对跑赢了市场上绝大部分机构，有百分之三四十的收益，但本金只有5万元。"所以大家一定要清楚，在投资过程中，最重要的是有规模相对比较大的本金。

我再给大家举个例子。大家都看到，这两年段永平在抄底腾讯，而且成功地在这轮腾讯股价的反弹中撤出。我们观察到，在腾讯股价从400港元跌到300港元再跌到200多港元的过程中，他一直在买，而且他所用的钱占其总资产的比重是极小的。大部分人能做到越跌越买，但做不到持有到赚钱，然后成功地撤出。

那么，如何做到长期持有、成功退出？第一，要有足够的本金支持。如果你30岁，你的资产用于储蓄和投资的比例可以是3∶7；如果你60岁，那么储蓄的占比要更高，投资的占比一般不超过40%。第二，要有好的投资工具、对冲工具。先拥有自己的观点，再寻找合适的投资工具。对于普通投资者，找到并掌握一两种工具就足够了。第三，要有良好的心态。要有正确的投资动机，不要奢望一夜暴富；要乐于学习，掌握一定的投资技巧。第四，要有专业机构管理资产，要认知到位。你要了解基本的经济学、金融学知识，熟悉各类金融工具和产品，不做"能力圈"范围外的投资。

总之，你要有足够的本金支持，还要有好的投资工具、对冲工具和良好的心态。那些知名的投资人不光自己管钱,还有专业的机构帮他管,他也有足够的认知。我们大部分人是做不到这样的,只能通过买股票、基金、房地产、黄金、外汇实现自己的投资(见图1-4),这还是建立在有一定规模本金的前提下。

	股票	基金	房地产	黄金	外汇
资金门槛	较低	较低	高	较低	较低
专业门槛	高	较低	适中	较低	较高
收益大小	较高	适中	保值增值	保值增值	资产对冲
风险大小	高	适中	适中	较低	较低

图1-4 最适合普通投资者的投资工具

第一,股票与基金,更多的人是投资基金。基金随时可以买,但是我们对于基金所投资的行业要有一定的认识。

第二,房地产。买房、卖房谁都能操作,进入门槛不高,但所需要的专业水平越来越高。大家都知道,近年来房地产行业、房地产政策多次发生变化。我们在后文会讲到房地产政策、价格等。

第三，黄金。很多人都很关心黄金，也有比较成功的操作经验。有的人直接在市场上买纸黄金，有的人买卖黄金公司的股票，有的人买黄金实物，买实物相对比较容易操作。买黄金需要对黄金价格、美元走势、全球黄金的供求情况、突发事件等有一个基本判断。

第四，外汇。有很多人都知道分散投资，也知道多币种组合。尽管判断汇率很难，但是通过分析美元的走势、日元的走势、欧元的走势，我们可以做出相对专业的判断并获得汇率升值、汇率兑换的收益。比如说，2022年日元大幅贬值，美元兑日元的汇率跌到1∶150的时候，很多人觉得跌到底了，非常果决地换了日元。也有人觉得欧元跌得差不多了，可能欧元对美元的强势地位会反转，原来是欧元强势，美元相对弱势，未来相对于美元，欧元可能会处于弱势状态。这些都需要专业的判断。2023年4月9日，植田和男出任日本央行行长，日本央行的货币政策面临从宽松转向收缩，日元升值在现在看来是个大概率事件。

所以，我觉得大部分普通投资者可以重点关注股票与基金，以及房地产、黄金、外汇这四大品类。至于其他的投资如大宗商品、金融衍生品，以及很多非标资产，大部分人学习一下即可，不用投入过多精力。当然，对于有一定专业知识、操作能力的人，那另当别论。这些话听起来有点消极，但是我想在这样一个巨变的时代，挣多少钱不是最重要的，更重要的是要规避风险，保住自己的胜利成果，希望我们每个人都能够做到。

分散投资，规避风险

关于如何有效地分散投资这个话题，我相信大部分人都很有感触，说自己一直都是分散投资的。前两年就有投资人对我讲："我分散投资，特别分散，我分别买了不同的P2P（点对点网络借款）产品，结果发现这样投资是挺分散的，但是货架子倒了。"

在谈有效分散投资之前，我们首先得弄清楚投资决策的基本步骤。投资决策一般分为6个步骤：第一步，确认投资约束；第二步，确定投资策略；第三步，数据分析；第四步，底层资产选择；第五步，构建投资组合；第六步，投资再平衡。

其实投资决策也没那么复杂，就是你得知道自己的投资约束在哪里。什么叫投资约束？就是你有多少钱，有多少负债，净资产是正的还是负的；你的风险承受能力怎么样；你大概以多长的视角去看资产投资的时间、节奏。

当然，这里确实涉及战略和战术问题。如果你从 21 世纪初期的时候就意识到了这轮房地产投资的战略性机会，我想你一定赚得盆满钵满。但是我们也知道，其实大部分人是逐渐认识到市场机会的。今天，我们在看待房地产的投资机会上已经出现了重大分歧。当然我们也知道，无论是美国股市，还是中国 A 股市场，长期来看，股票投资的收益率其实挺高的，但为什么大家赚不到钱？这就涉及战术问题。所以，除了战略问题，战术问题同样很重要。

最适合普通人的策略：股债平衡策略

投资策略分为战略性资产配置策略（SAA）和战术性资产配置策略（TAA），战略性资产配置是核心中的核心。投资专业书籍、专业课程将这两者称为战略策略和战术策略，其中包括很多具体的策略。

比如股债混合策略，即投资一定比例的股票和债券，有的是等比例，有的是不同比例。现在流行的量化大类资产配置，有的是根据收益和风险的匹配度配置资产，有的主要看收益，有的主要管理风险。比如均值 – 方差模型①、市场投资组合、资产投资组合，还有用两位投资人的姓氏命名的 Black-Litterman 模型（简称 B-L 模型）等。还有一类，大家平时见得不多，那就是公益基金、捐赠基金，是基于经济周期和主观上的择时所做的投资，也是资产组合。当然，可能我们最熟悉的还是美林投资时钟。

在这么多策略当中，对于既没有那么多的专业知识，也没有那么高的交易水平的普通投资者，有哪些可以提供参照？

我推荐格雷厄姆的动态平衡策略。此人是巴菲特的老师，他提出这个策略的时间其实比较早了，是在 1949 年他写的《聪明的投资者》一书中提出的。这一策略其实就是股债平衡策略，模型特别简单，大家很容易理解：配置 50% 的股票、50% 的债券，如果股票价格上涨，股票资产的仓位超过一半，就卖掉多余的股票来买债券，反之就卖掉债券再买股票，让二者的比例保持 1∶1 的动态平衡。

后来，很多人调整了这个策略，变成了 60% 的股票、40%

---

① 1952 年马科维茨发表了一篇名为《投资组合选择》的论文，首次将分散投资的好处用数学语言表达了出来，被誉为"华尔街的第一次革命"。马科维茨的均值 – 方差模型是基于风险和收益管理的数量化资产配置模型，是现代投资理论的基础。其主要思路是根据每类资产的预期收益率和协方差矩阵，计算得到投资组合的有效边界，再根据投资者的风险和收益预期，定量计算最佳投资组合。

的债券，这个策略变得更加动态了。美国的很多养老基金，还有很多国家的主权财富基金，都是用的这种动态平衡策略。

当然，通过简单复盘你会发现，这个策略用在中国A股市场，效果可能要差一些。注意，所谓的动态平衡策略，不是让大家直接按照这个模型买60%的股票、40%的债券，因为这是七八十年前提出的策略，策略用多了就不管用了。关键是要看这个策略给我们提供了什么。其实，它提供的是基本思路。

格雷厄姆为什么提出股债平衡策略？实际上他既考虑到了收益，又考虑到了风险，当然也考虑到了人性。所以，这个策略的精神内核是非常适合普通投资者的。我相信许多读者都有一定的经济基础、财富基础，大家也都在做所谓的资产配置，也都做到了分散投资。但是很多人这两年确实分散投资了，买的却是风险比较大的"一架子"的资产，结果看似钱分散在不同的篮子里，这些篮子却都在一个架子上。这种情况其实不仅你会遇到，股债平衡策略也会遇到，当市场出现股债全跌的时候，这个策略基本上也是失效的。

每一个人，包括知名的投资家，都试图找到一个无须打理任何资产、无须任何交易，子孙后代也可以使用的策略。像我们熟知的著名投资人达利欧，其实曾经也想开发这样的模型，而且他开发的模型一开始运转得确实不错。但是，在2018年这种极端情况下，也就是中美两国发生贸易摩擦、股市大跌，以及2022年，全球知名投资者都表现得非常差，国内的知名投资人、投资机构也都表现得非常差。

我们会发现，确实没有一个放之四海而皆准的策略，所以关键还是要理解别人所给出的投资策略的精神内核，再根据我们自己的方式、自己的习惯、自己的风险偏好、自己的国情、自己所处的阶段去配置资产。前文提到的投资策略，比如均值-方差模型（基于风险和收益管理的数量化资产配置模型）、B-L模型（将投资者的主观投资判断引入，以解决均值-方差模型过于敏感的问题），还有CAPM模型（资本资产定价模型）[1]，都是在理论上做出过贡献的。但这些策略在实际的投资实践当中表现怎么样呢？历史上著名的长期资本管理公司以量化投资著称，它的掌门人是被誉为能点石成金的华尔街"债券套利之父"约翰·梅里韦瑟，公司里还有两名诺贝尔经济学奖得主、美国财政部前副部长等，它曾与量子基金、老虎基金、欧米伽基金一起被称为国际四大对冲基金。但是这样一个

---

[1] 1964年马科维茨的学生夏普等人将无风险资产引入模型，得到了著名的夏普比率和资本市场线的概念，并形成了资本资产定价模型。此后量化投资迅速发展，出现了更多的优化方案，这些方案量化投资的特征越发明显，数学的应用越来越多，公式也越来越深奥。但其实无论是在美国华尔街，还是在上海陆家嘴，或者在北京金融街，大部分金融从业人员都看不懂这些公式。而当公式在极端市场环境下失效时，只有极少数人能够预见即将到来的大溃败。

明星公司却在1998年俄罗斯债券危机中惨遭失败。

所以，我们看到，不存在一个可以在任何时候规避风险、获得收益，得以永续发展的投资策略。这就是资本市场的风险，可能也是资本市场的魅力所在。

经济周期与资产轮动：美林投资时钟

作为一个普通投资者，无论你是一个高净值人士，还是一个一般投资者，都应该遵循大道至简的投资原则，没有必要搞那么复杂，因为你不是职业投资人。我跟很多职业投资人交流过很多，他们也没有那么复杂的投资策略。你只需要在不同的经济发展阶段、不同的周期里，找到一个相对比较简洁的投资策略。

美林投资时钟就是一个基本的模型（见图1-5）。

美林投资时钟根据增长和通胀的趋势将经济周期分为四个阶段：衰退、复苏、过热和滞胀。相对应的表现突出的资产分别为：债券、股票、大宗商品和现金。这个模型刚被提出的时候有效性很强，但是当大家都知道了以后，基本上也就失效了。在2015年中国市场发生资产轮动时，我还在券商工作，我们都开玩笑说，中国市场专治各种不服，把美林投资时钟玩成了电风扇——转动太快，资产轮动太快，特别是在股市上。

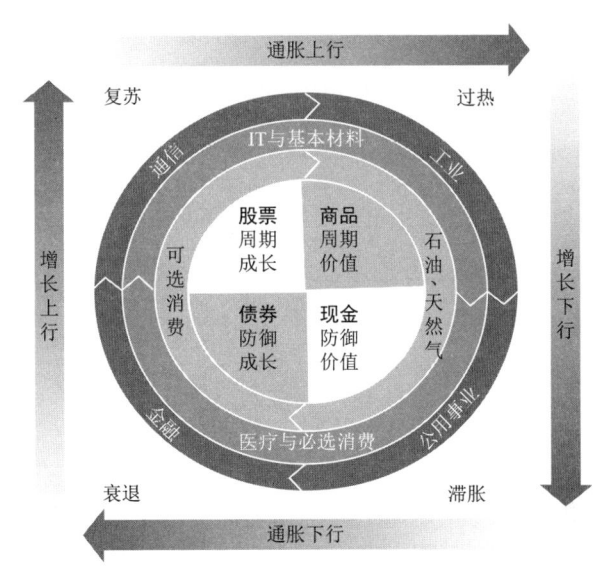

图 1-5 美林投资时钟模型

资料来源：美林银行，华泰研究。

当然，现在去复盘，我们确实也发现了一些特点，我将在后文给大家介绍。

普通人如何有效分散投资？

说回我们自己的选择，我觉得首先要确定自己的投资约束——你的风险承受能力是高还是低，你的资产规模到底有多大，你考虑多长的周期，最后还得逻辑一致。好多人说："我极其厌恶风险，但我特别想要高收益，我想赌一把就赢。"这个逻辑其实是紊乱的。我觉得特别关键的一点在于，每一个投资者一定要把预期摆正。前些年的投资，叫"宁可做错，不要错过"，现在叫"宁可错过，也不要做错"。

因为前些年确实存在金融泡沫化、资产泡沫化，机会多，也有风险，但可以冒更大的险。2018年以后，转折点到来，特别是最近几年。普通投资者应做到以下几点：

第一，如果你是一个高净值人士，那么你需要分散地去和不同的专业机构合作，包括私人银行、券商资产管理公司、保险资产管理公司、财富管理公司等。以我自己的经验来看，如果一个高净值人士在一家私人银行的可投资产是1 000万元，那么他实际的可投资产至少是这个数字的5倍。合作机构的分散是大分散，然后才是资产的分散。

第二，对于非高净值人士而言，有条件的话，要做到跨市场、跨周期、跨品种配置。简而言之，你要有点黄金，要有点外汇，尽量美元、日元、欧元都有一点，还要有点房产，国内的甚至是国外的。当然，你也要与不同的机构合作。如果你的净值更高，还可能涉及VC、PE等投资。

第三，普通老百姓可能手里有点钱，但没那么多，风险承受能力也不大，那就把国内的房子配置好，同时有点黄金，再有点外币。

有一个重要的前提是：你一定要认识清楚，其实投资很难，投资门槛很高，投资赚钱是很不容易的，能让手里的资产实现所谓的保值，甚至少缩水一点，已经是非常不容易的事情了。特别是在当前的大环境下，整个世界也好，中国也好，经济确实已经从高增长、低通胀、低波动转向了低增长、高通胀、高波动。所以，现在情况完全变了。如果在这个时候，你回想起过去那些年，你曾经很幸运地坐上了房地产的上行电梯，或者运气特别好，有不错的汇率收益，或者正好买到了一只或几只好的基金，其实你应该感到庆幸。未来，也许没有这么好的机会了，我们防风险的意识要越来越强。

我们可以看到，所谓分散投资，不仅仅指不同标的之间的分散，还有物理空间、时间节奏、期限上的分散，以及合作机构的分散。我想，对于大部分普通人，即非高净值人士而言，有点外币，有点境内、境外的保险，已经是非常好的状态了。

第二章
Ａ股变局：大分化与再平衡

全面注册制：
投资风险加大与应对方案

这一节我们来聊一聊全面实行股票发行注册制对股市的影响，这也会影响我们作为一个普通投资者在市场上的投资行为。我想先说明我的观点：对于绝大部分普通投资者而言，注册制全面实行以后，炒股的风险不是减少了，而是大大增加了。所以，我们需要认认真真地去思考。

全面注册制这样一个重大改革对我们到底意味着什么？这项改革确实非常重要，是中国资本市场、中国股票市场发行制度的一个重大改革。这意味着金融支持实体经济，推动中国经济升级转型，也意味着资本市场本身的阳光化、规范化、法治化、国际化，意义非常重大。

但对于具体的投资者，它的影响不能一概论之。对不同的投资机构，如投资银行、公募基金，它的影响是不一样的。即便同样是投行，它对大投行和小投行的影响也不一样。对定价能力强和定价能力弱的机构，对不同的行业，它的影响都不一样。

对当前资本市场而言，在全面注册制下，不同板块的定位愈加明晰，基本覆盖不同行业、不同类型、不同成长阶段的企业，多层次资本市场体系进一步夯实。这不仅意味着监审分离、交易制度的改善，也包含着做空机制的引进等。全面注册制改革将在推进市场制度统一的同时，有效推动多层次资本市场体系发展，转板机制将更加通畅，推进形成契合实体经济不同发展阶段、层层递进的多层次资本市场新生态。全面注册制的实施，意味着资本市场从供销社模式向超市模式转变。对于企业而言，也一定要看到其中蕴藏的重大机遇。

从一个普通投资者的角度看，这意味着投资的难度增加了。全面注册制是个好的政策，怎么还会让投资难度大大增加呢？有以下几个方面的原因。

产业层面的变化

我们必须注意到，这轮注册制改革的一个重要产业和经济背景是产能过剩。不是产能过剩导致了注册制，是注册制的全面实施正好发生在中国经济升级转型、产能过剩这个过程当中。好多人说，产能过剩是很久以前大家就在谈论的一个话题。要知道中国的人口现在已经出现负增长，人口老龄化、少子化是很难逆转的趋势，这个趋势反过来就证明，我们强大的、庞大的制造能力导致出现产能过剩是确定的。

有人问，我们不是有所谓的全球市场吗？大家也知道，在逆全球化背景之下，我们过去看到的"中国生产、欧美消费"格局正在向"欧美通胀、中国过剩"转变。逆全球化和供应链的碎片化，使供应链割裂，世界经济格局重新构建，这也是不可逆转的趋势。过去，中国的生产、供应链是全球化得以维系的重要基础，中国的生产也是帮助欧美压低通胀的非常重要的因素。现在这种情况正在发生变化，因为对方宁可从其他国家，哪怕从产业链没有中国完整、成本没有中国低的地方采购，宁可买贵一点，也不想从中国买。这种情况是慢慢发生的，也不会在一两年内结束。

如果我们以10年为期去看，其实我们已经处在这个进程当中了，又加上我们已经出现了人口负增长，需求下滑就是一个确定性事件。需求下滑对应的是产能过剩，因此，我们面临的局面和世界面临的局面是正好相反的。

我们面临的是一个严重的通货紧缩趋势，这个时候，如果没有特别重大的驱动力扭转这个趋势，中国经济也好，中国市场也好，面临的压力都是非常大的。再加上疫情三年，恢复还需要时间，企业的经营行为、投资行为，人们的消费行为、投资行为，都会发生变化。所以，产业层面的变化、产能过剩，微观上的内卷，很多企业和个人的躺平，一定会折射到二级市场的估值和运行上面。

市场供给增加

A股市场新的定价逻辑周期可能刚刚开始，所以我们看到的是低增速、过剩、流动性进出未平衡，而全面注册制就是在这样一个背景之下出台的。同时，全面注册制的一个很重要的连锁效应是上市公司的大量增加。

好多人说："没事，我们会注意节奏，不会出现这样的情况。"从图2-1可以看到，我国的上市公司从4 000多家扩充到5 000多家，只花了两年多时间。可以这样说，尽管我们在推动退市的常态化，也有很多上市公司一上市就破发，但全面实施注册制以后，股票供应的增加也是个大趋势。可以设想，公司退市的速度一定远远不如IPO（首次公开募股）的速度。也就是说，在产业层面，我们面临着产能过剩；在股票供应层面，未来我们将面临股票供给过剩。尽管我相信交易所、监管部门会注意发行节奏，但是恐怕很难在短期内达到大家预期的理想状态——进出平衡。

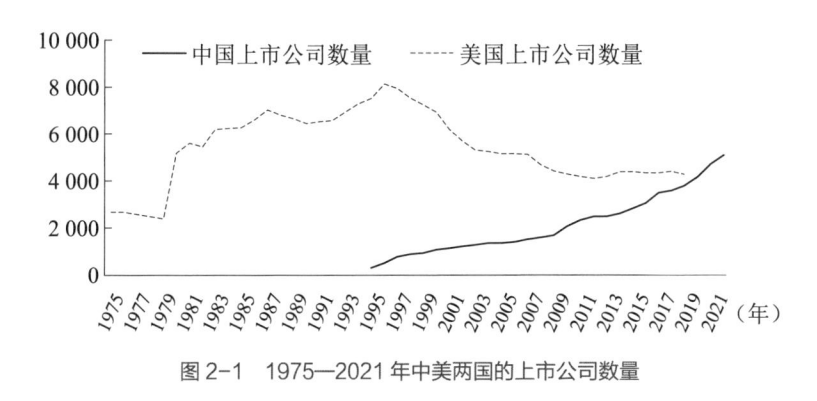

图 2-1　1975—2021 年中美两国的上市公司数量

资料来源：Wind（万得公司），如是金融研究院。

可以这样说，IPO 的速度一定会大于公司退市的速度。这几年，我国在退市方面做了大量工作，很多公司退市了。我认为还要继续加大退市的力度，有进有出，加快新陈代谢。像成熟市场那样，严格执行多标准的退市，确实对整个市场的活跃、进化会起到非常重要的作用。但是现实情况一定是进出速度不一，而 IPO 的常态化，或者说股票资产供给的相对过剩，仍然会继续挤压估值。

我们原来的股票市场，可以简单地理解成一个供销社模式，供给渠道相对单一，商品相对稀缺。这也可以解释为什么那么多公司上市之后都出现几十个涨停板，因为真的稀缺。现在，我们推行的全面注册制和核准制不一样，上市的速度大大加快了。你可以想象，供销社变成超市之后，商品大幅增加，你可选择的空间确实大了，对于市场而言，供给也多了，这是我们必须要注意到的一个问题。

全面推行注册制改革对优化我国资本市场结构、完善融资体系、更好地服务实体经济均具有重要意义。但严格来讲，我们现在实行的注册制也还不是完全意义上的注册制。我们期望全面实行注册制以后，能在交易制度、"T+0"改革等方面也有很多改进，但目前看来，还需要在改革与稳定之间做好平衡。不管怎么说，从供销社模式转向超市模式，供给增加，挤压估值是个大概率事件。大家可以去看一看科创50指数的走势，指数经历几次波动，最后没动，供给确实增加了，也有退市的，也有破发的。对于投资者而言，这样的走势意味着什么？很多人在这样上下波动的趋势中不但没有赚到钱，可能还亏钱了。

选股难度增加

更为直接的原因就是我们选股的难度越来越大。我们更加需要券商、投行定价的公允性、合适度了。我认为从中介机构这个角度来看，现在的资本市场是有问题的。很多公司上市之后股价走出了抛物线的形式，甚至跌破了发行价，但这似乎并不影响中介机构，比如投行、律所、会计师事务所的业务。这是不正常的，如何保持第三方中介服务机构的中立性、公允性也是下一步改革的重点之一。

当供应量大幅增加的时候，投资机构和普通投资者选股的难度都增加了。当然，我们可以说，这有利于投资能力、投研能力都比较强的大机构、大投行，而中小型券商受到的影响则比较大。从投资者的角度来讲，在这么多的上市公司中，在供给越来越多、上市速度越来越快的背景下进行选择，难度确实越来越大，信息不对称的情况也越来越严重。机构关注的股票会越来越向头部集中，头部不一定是前三四名，但因为机构有自己的投资纪律，所以投资趋同的模式依然存在，而且会强化，很多小股票、小公司根本进不了机构的投资目录。在整个市场的交易机制、做空机制没有明显改进的情况下，过去我们看到的所谓抱团、投资行为趋同，在一定时期内可能会持续存在。

对优秀的投资公司、基金公司而言，当然这无可厚非——它们一切都是按照操作程序来的，投资趋同也不违反它们的投资纪律。但对整个市场而言，中小投资者、普通投资者怎么可能在具体的交易过程中与这些大型机构抗衡？对于普通投资者而言，选股的难度大大增加了，踩坑的概率也越来越大了。

无论如何，作为一个普通投资者，假定你有一定的专业能力和交易能力，要看到注册制全面实施以后，它带给不同机构、不同身份、不同定位的投资者与投资机构的不同影响。

注册制和牛市没有天然联系，不要把注册制的全面实施简单等同于当年的股权分置改革，这是两回事，逻辑也不一样。在2023年疫情防控政策调整，市场复苏回暖以后，我们依然要保持头脑的清醒。定价逻辑变了，全面实施注册制对普通投资者的能力要求也提高了。还是那句话，我们要努力地学习专业知识，了解市场的最新进展，尽可能地规避风险。当然，我们也要抓住机会，这里面确实也有很多机会。

A股市场定价逻辑：
新的定价周期要来了

A股市场新的定价逻辑是什么？A股市场新的定价周期要来了吗？可能很多人马上要问："定价周期是什么意思？难道它还会不停地变吗？"A股市场基本上以2~4年或3~5年为一个定价周期，这一轮始于2019年的定价周期基本上结束了。我们来复盘一下，看看在过去10年里，A股市场经历了哪些定价周期（见图2-2）。

2012—2022年的A股市场定价周期

所谓定价周期，其实是我们复盘时根据占据主导地位的因素人为地划分出来的，不同人对此有不同的看法。如果按照2~4年或者3~5年为一个周期去划分的话，我们确实能看到

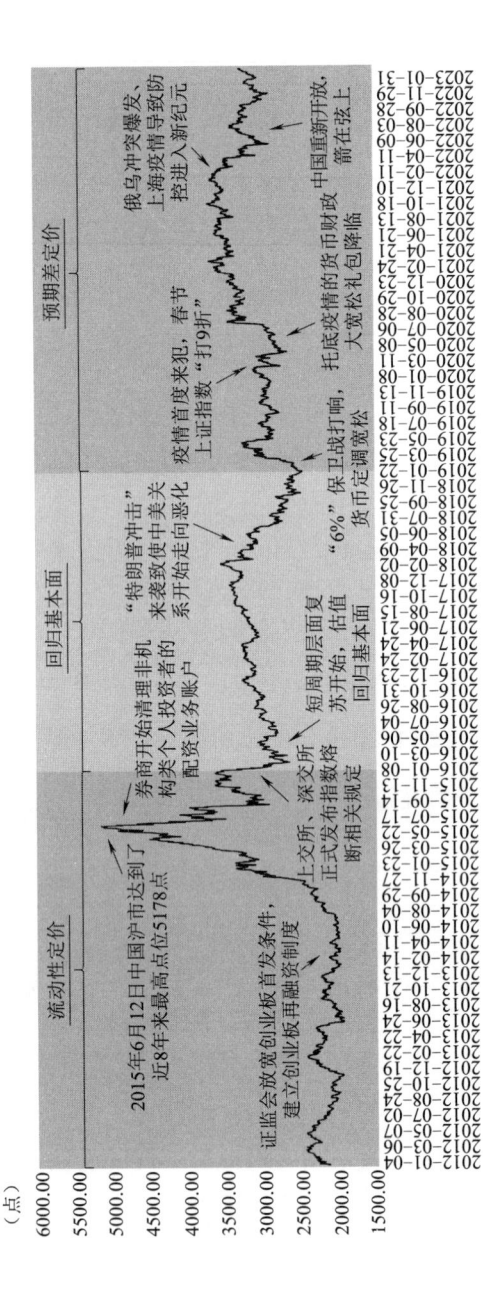

图 2-2　2012—2022 年上证指数走势

一个明显的主导性逻辑或者主导性概念。我们研究这些，是为了预判未来可能是哪个因素在主导整个市场。

先来看看2012—2015年的流动性定价周期。

流动性定价

什么叫流动性定价？大家知道，2012年召开党的十八大，2013年政府换届，那个时候大家都在观察政策动向。所以，2012年、2013年整个股票市场的表现可以说不算太抢眼，因为大家都在等，等方向明确，等实际的政策落地。2014年，产业层面发生了一个很大的变化，就是移动互联网突然爆发，并购案例特别多。2014年货币政策、宏观政策也出现了很大的变化，上半年定向降准、差别降息，下半年全面降准降息。

现在复盘去看，那个时候我正好在券商，2014年全面降准降息以后，大家也没有预料到会出现2015年上半年那么大量级的牛市，甚至出现了"疯牛"，所谓"杠杆牛""资金牛"，很多人说是"改革牛"。随后，2015年6月就出现了大股灾。所以现在看来，那一轮市场走势，实际上是在各种改革预期之下资金杠杆推动的一个牛市，而且戛然而止。

所以，我们现在总结2012—2015年是一个流动性定价周期。2016—2018年，我们又把它划分成一个新的周期——回归基本面周期。

回归基本面

2016年，经济周期微弱地复苏，通缩压力消除。3月继续降准，股票市场开始慢慢地走出2015年6月的大股灾。我们知道，2016年年初的时候出现了大家都关注到的熔断，估值也处在历史低位。其实2016—2017年已经走出了一波分化比较明显的小牛市，但这一轮市场上涨最后因2018年年初中美贸易摩擦的开始而结束。

2018年，全球股市的表现都不好，美国股市的表现也非常差，A股上证综指跌了25%，这个过程还是非常惨烈的。由于股市下跌，2018年一些上市公司杠杆被打穿，连续爆雷。当时整个投资环境、情绪面非常悲观，大家不知所措。但是复盘来看，其实2016—2018年的股市更多还是受到基本面的影响。

再看离我们最近的这一轮周期，它实际上是从2019年开始的，我们总结这一轮周期的特点，主要是预期差。

预期差

2019年，中国经济在"保6"（GDP增速保持在6%以上），全面降准降息，整个流动性非常宽松。中美关系在2018

年的基础之上出现了缓和。2019年，股票指数表现非常好，而且科创板开板，注册制进一步试点，整个资本市场气氛非常好。

但是2020年，疫情突然来袭，接着股市大幅下跌，随后在疫情防控、宽松政策这一系列政策组合拳之下，整个股市开始了一轮微型反弹，然后是主题投资的升温，大家开始重新进入这些景气的赛道。所以，2020年是一个全面牛市。很多人都没有想到这一点，为2020年自己投资过于保守而后悔。

2021年也走出了一个结构性牛市，像大家熟悉的新能源汽车、半导体行业的表现都非常抢眼。当然，现在看2021年的牛市，投资者可能对很多行业未来多年的盈利、估值都预期比较高，也就是说，其实有所透支。

回顾2022年，各种"黑天鹅""灰犀牛"事件层出不穷。2021年年底至2022年年初，有很多我们无法预料的事情发生，最重要的就是两件事情，一是俄乌冲突，二是疫情管控的升级。所以这一轮市场在2022年的表现比较差，整体估值继续下杀。

新的定价周期来临

从过去2~4年或者3~5年的周期来看，定价逻辑确实在发生很多变化，主逻辑可能在切换。而且以往的经验表明，在定价逻辑切换之前，机构投资者和个人投资者的学习效应会导致定价逻辑进一步强化，然后市场开始震荡分化，适应主逻辑的板块领涨，甚至带动一波牛市，如此循环。

为什么现在这种定价逻辑可能在发生变化？我想大家都注意到了，疫情防控政策调整以后，中国经济的复苏其实仍然可以看作是一种微弱的复苏，增长动力是不足的，同时我们面临着全球的高通胀，这是一个新环境或者说常数项。主要国家中央银行的货币政策都逐渐地淡出宽松，开始进入加息潮，所以过去我们习惯的那种抢跑型投资策略基本失效。什么叫抢跑型投资策略？就是预期上升带动估值上升，业绩兑现之后估值下滑。

2023年既是上一个周期的尾声，又是新周期的起点。过去几年的社会管理和疫情防控对人们心态和行为的影响陆续显现出来。从现在的情况看，疫情之后，人的心态变了，社会风气变了，企业经营行为及人们的消费行为和投资行为也变了，从而使经济运行的很多深层逻辑也发生了改变。比如，超额储蓄多了，一边是流动性相对宽松，一边是老百姓越来越倾向于存钱，越来越多的人提前还贷，大家对消费、投资都比较谨慎。

所以现在，我们实际上处在一个"平行世界"。一方面，消费市场反弹，疫情之后餐饮、旅游行业确实在恢复，相对于疫情这几年已经大为改观了；但另一方面，资产市场上似乎人人都在主动地继续去杠杆、缩表，对自己的投资行为保持谨慎。在这种情况下，我觉得很多现象、很多逻辑可能需要很长时间才能得到检验。但我初步估计，这种心态的变化，人们消费行为、投资行为、经济行为的变化，可能会陆续反映到二级市场的定价上。

在未来3~4年的新定价周期，资本市场将回归韧性和价值：价值的韧性和韧性的价值。

回归韧性和价值的资本市场

怎么去描述未来定价的特点？我认为，整个资本市场会逐步回归韧性和价值，既要强调上市公司创造价值的能力和韧性，又要强调这种价值面对市场风险、突发事件、不确定性事件的抗冲击能力。2022年由于股市低迷，估值确实大大下移了。2022年疫情防控政策调整以后，大家就在说2023年很多板块的估值会有所恢复，价值投资风向也会凸显出来，比如说旅游、餐饮、航空这些板块，其实在2023年春节前后已经有所反应了。

但是我们也必须注意到一点，如果展望中长期运行状态，在全球货币之水退潮、经济增速放缓、高通胀的背景下，一个企业想活下去，甚至想再度出现高增长，没有那么容易。稳定而持续地盈利，哪怕盈利不大都是一件特别难得的事情。

比如说在消费领域，我跟很多投资人交流过这个问题，有人说："我们现在就投与民生最相关的衣食住行、吃喝玩乐等消费最高频的必需品、刚需品。与民生相关，同时消费比较高频的领域是最安全的，其他的，凡是有一点风险，我们都不投了。"这是在实业投资或者一级市场投资出现的一个现象，这种现象会不会慢慢地折射到二级市场？我觉得大概率会。一个企业需要去适应更加动荡的市场环境、政策环境、国际环境，所以它的韧性就变得尤为重要。过去，对于一个科技公司，我们觉得给出百倍估值都没问题，但时过境迁，你会发现，无论是美股还是A股，也许一个增长没有那么快、盈利增速没有那么快，甚至薄利多销，但收入非常稳定的企业，会让大家觉得更放心、更安心。因为它确实更有韧性，而这种韧性也是它的价值。

我经常讲一句话："双鸟在林不如一鸟在手。"韧性可能会赋予很多公司更多的价值。我们也可以看到，国际上一些成熟经济体、过去表现不太好的市场，其实在2022年反而表现得很好。比如说，英国股市是创了新高的。为什么？原来大家觉得英国股市没有希望，因为它没有什么成长型公司、科技型公司，最后却发现，原来英国股市之所以创新高，是因为它的板块组成主要是银行、矿业、能源、消费类企业，真正地回归了基本面，回归了价值和韧性。我们也可以想见，伴随着日本中央银行政策的转向，日本的利率将提高，日元将升值。日本的金融股、银行股可能会越来越有价值。

当然，我不是否定科技创新，在人工智能、数据服务、智能制造、生物医药这些领域，我想一定会有创新。但是对于国际市场和A股上市公司的创新，大家一定要擦亮眼睛，我们在衡量这些公司的时候也需要去看这个公司的内生能力、盈利能力，我特别强调的是韧性。

这里引用金庸先生小说里的一句话："他强由他强，清风拂山冈；他横任他横，明月照大江。"我觉得未来，任尔东南西北风，我自岿然不动，这样的公司有价值、有韧性，可能更会得到投资者的青睐。

A股市场资金面观察：
谁在供水，谁在抽水

在这一节中，我们来探讨股票市场中的"水"——流进和流出的资金，看一看如何通过发现市场资金流向去找机会、看风险。

影响股市涨跌的因素太多了，没有人能准确地预测股市，甚至很多人说股票市场不可预测。但是，通过观察股票市场的流动性，看场内资金的供给需求，或者说一进一出，我们确实能在相当大的程度上判断股票市场的情况，以及它的流向带给我们的机会和风险。

从蓄水端来说，股票市场的资金主要包含各类投资者投入的资金，以及通过杠杆放大的资金。蓄水的能力和宏观环境、整体流动性息息相关。我们一般关注能够提供"水"的主体，包含几大类：个人投资者，机构投资者，杠杆资金，境外投资者。

抽水端，也就是把水拿走的这些主体，主要包含企业的融资行为、产业资本的交易行为。我们往往抱怨说，我们的股市融资能力太强，投资能力太弱——水都放在这儿，结果不断地被抽走了。

融资行为主要包含企业的 IPO、企业自己增发配股再融资等行为。产业资本的交易行为主要包括限售股解禁，大股东套现离场。当然，这反映出大家对行业、企业以及宏观环境的不同判断，很多股票市场其实受重要股东以及二级市场减持的影响比较大，这也是为什么我们常说很多时候散户都当了"韭菜"。

从道理上来讲，一个市场要稳定，既要有融资功能，又要有投资功能，它的抽水和蓄水应该实现动态平衡。也就是说，资金的短期流动不会引起股票市场的剧烈动荡。但是一旦这两端出现长期持续的不平衡，引发投资者对股票市场流动性预期的改变，这个市场就会出现剧烈的动荡。

我们经历过的一次比较近的股票市场大动荡，就是 2014 年下半年到 2015 年上半年这轮大牛市，以及 2015 年 6 月底的大股灾。2015 年 6 月，监管部门开始严查杠杆资金入市，就相当于关闭了蓄水这一端，行情很快逆转，然后出现了大股灾。这一次的影响与动荡的级别是史无前例的。

当然，回过头来看，我们确实可以通过观察蓄水端与抽水端的资金流向变化，发现股市存在的机会与风险。

蓄水端对股市的影响

蓄水端，也就是资金流入这一端。当然，对于投资标的，持续地有水流入，是有利于股价上涨的。蓄水端的主体包括以下几类。

第一类是个人投资者。根据中国证券登记结算公司的数据，截至2022年11月底，开立A股市场账户的投资者数量再创新高，达到了2.11亿，相当于全国每7个人中就有1个股民。其中散户2.1亿户，同比增长了7.85%，占到投资者数量的99.76%。所以从数量上看，肯定是散户占主导。

个人投资者的资金流向、预期与指数的关系是非常大的，我们可以用证券交易结算资金这一指标来跟踪。证券交易结算资金的余额能够相对比较清晰地反映资金流入流出的情况，也能在一定程度上预示后市的涨跌。

比如，你余额越多，意味着未来进入股市的资金就可能越多，市场就比较活跃，情绪就比较高，行情就看好。反过来，就是相反的走势了。但是，个人投资者的羊群效应也是比较明显的。

第二类是机构投资者。这一类投资者披露的信息比较完整，其中比较完善的是公募基金，我们可以用新发基金份额来跟踪，尤其是新成立的偏股型的公募基金份额。2015年7月是偏股型公募基金份额的爆发期。新发基金份额高，股市资金流入量就大，后市就看涨。

我们可以通过观察板块的资金流入情况来预测这个板块未来的走势行情。比如，2022年A股市场的行情比较惨淡，主动权益类基金的发行受到的影响是最大的，股票型基金发行的总份额同比减少了62.53%，混合型基金的份额下滑了超过85%。在发行上这么大幅度的缩减以前没有出现过，对行情影响很大。当然，股票基金发行的份额和市场行情实际上是相互作用的，无论是正反馈还是负反馈，都会得到强化。

第三类是杠杆资金，我们用融资融券余额来跟踪。实践当中大家都知道，中国市场融资容易融券难，就是做多容易做空难。2013—2014年，融资融券的余额占A股市场总流通市值的比例，从不到1%跳涨到了4.5%，这也是那一轮牛市被称为"杠杆牛"或者"资金牛"的原因。

2015年6月底的股灾，实际上就是资金端去杠杆。融资融券的余额占A股流通市值的比例从4.5%的高点暴跌到了2%

左右。我们可以观察短期的数据，比如一个月的数据、一周的数据，看融资融券的交易额占全部 A 股交易额的比例，根据这一比例高低，以及与之前数据的比较，来判断融资融券交易占比的上升和下降，判断融资融券交易的活跃程度，从而判断 A 股市场的资金面和股民的情绪面。

所以，杠杆资金是观察市场活跃度非常重要的指标，甚至，短期主要看杠杆资金就可以。

第四类是境外资金。我们应主要关注沪股通、深股通、QFII（合格境外机构投资者）及 RQFII（人民币合格境外机构投资者）的资金动态。我们知道，受 A 股加入 MSCI 新兴市场指数的影响，外资的涌入相对比较持久。比如，2019 年 1 月第二周，陆股通净流入资金 157 亿元，环比增长了 144%。陆股通资金大幅流入带动了整个 A 股市场资金面的改善。从资金流入的行业来看，陆股通资金短期净流入金额比较高的行业，短期涨幅都比较大。其实这很容易理解，这些资金实际上在买这些板块，而且流入的资金可以被监测到。

抽水端对股市的影响

抽水端也包括四个方面，我们分别来简单介绍一下。

一是IPO。IPO是企业在一级市场上募集资金的主要方式，它构成股市资金的流出，因为上市企业募集资金会直接分流股市的资金，而且在网上公开发行之前，需要提前冻结大量资金。很多人对IPO乐此不疲，比如去打新股。过去，打新股是一个很重要也非常好的策略。现在，随着注册制的全面实施，这种策略已经基本失效了。

大公司进行IPO，冻结的资金量是非常大的。为什么大公司上市或者回归A股市场的时候往往对市场影响比较大？原因就在于这种公司的IPO在一定程度上影响到股票的流动性。如果IPO规模比较小，对整体的影响就不大；如果IPO规模比较大，对整个市场的影响就比较大了。因为这不仅仅对资金面有影响，还影响人们对公司上市IPO所占用资金的预期。IPO实施细则新规出台以后，投资者申购新股时需要冻结的资金数量大幅减少，这在一定程度上改善了由IPO造成的大量资金冻结的状况。

二是再融资。这是企业通过股票市场获取资金的另外一种形式，它同样会造成资金分流，其中定向增发又是上市公司最近几年的主要融资方式。2014年以来，定向增发的市场案例特别多。定向增发的规模远远大于IPO，成为上市公司实现内生发展和外延扩张的重要手段。

一般来说，在融资密集期带来的资金需求会冲击股市的流动性。A股市场出现了一个很有意思的现象，本来再融资会冲击股市流动性，造成市场下跌，但是由于大家预期上市公司再融资以后会将资金用于拓展业务、并购，或者用于研发，对这样的公司的估值会高看一眼，因此实现再融资的公司股价往往是以上涨收场。这和成熟市场的判断逻辑不大一样。

三是限售股的解禁。这个影响是比较长期的，减持造成短期内股票相对增多，股价就有下跌的压力。同时市场买盘对市场资金流动性产生压力，很多投资者都觉得限售股解禁是洪水猛兽，因为它不光代表卖股票的多了，需要承接的资金多了，还代表着相应的股东，特别是大股东对这个行业、对这个公司的看法——大股东都把股票卖了，投资者怎么敢买？虽然解禁不简单等同于减持，而且就算减持，也不是一下子就减持完，但是会对投资者的预期和信心造成非常大的影响。所以，一旦遭遇限售股的解禁，A股市场的一个特点就是，投资者会看空，所以股价往往会下跌。当然，也不全是下跌，只是下跌的案例比较多。

四是产业资本减持。产业资本现在是二级市场上不可忽视的交易主体，因为产业资本是公司运营的直接参与者，对这个公司的情况非常了解。其实，产业资本对公司的了解要比二级市场投资者、普通股民清楚得多。所以，我们应该特别关注一些重要股东的增持和减持行为，通过这些股东的行为来判断行业走势和公司情况。

2018年12月，A股市场大规模减持，并且净减持的金额放大，从统计上来看，当月净减持金额是102.18亿元，这必然带来整体市场情绪的萎靡。2019年，产业资本开始增持。2019年1月的第一周，净增持3.91亿元，第二周净增持10.59亿元，这就给市场带来很大的信心。

在这一节中，我给大家介绍了股市的抽水端和蓄水端，这两端一进一出。大家了解了它们如何影响市场走势，它们的基本逻辑、基本机制，主要涉及的主体和形式，这是一个基本的框架。在日常实践当中，我们需要去看很多数据，甚至要综合其他因素去预判未来，比如说减持的情况、投资者的情绪。

我想股票市场的魅力可能就在于此，你看到了很多非常明确的指标，但是依然无法完全说清楚它的走势。

从宏观到微观：
2023 年 A 股市场的流动性

2023 年，A 股市场上的"水"到底是多还是少？熟悉这个问题的朋友都知道，我们探讨的是 2023 年 A 股市场的流动性到底怎么样。水多，股价上涨的可能性就大；水少，股价下跌的可能性就大。水多水少实际上是个流动性问题。流动性问题既是个宏观问题，也是个微观问题。我们今天就从这两个层面——宏观和微观来探讨水多水少的问题。

流动性的两面：宏观与微观的背离

宏观流动性主要指什么？主要指货币政策的基调，以及它带来的连锁反应。我们可观察的指标很多，主要是货币供应量和利率。我们需要看 M2、社会融资规模存量，需要看利率。

利率又包括货币市场利率、债券市场利率、理财的贷款市场利率，还有汇率。

微观流动性主要指进入 A 股市场的资金供给和资金需求之间的关系。简单来说，我们要看蓄水端，也要看抽水端。注意，宏观和微观，这两个层面的流动性有一定的关联，但并不完全同步。从宏观到微观，中间有很多影响因素。比如宏观政策、产业政策、市场监管，还有外部的政策环境，比如美联储加息、日本央行政策转向，对宏观流动性的影响都很大，进而会影响到微观流动性，这是个非常复杂的系统。

从我自己的从业经历看，这确实有点像一个黑箱。很多时候我们看到结果以后去猜测有哪些原因，但是当这些原因摆在面前的时候，我们会发现很难推测出结果。

流动性在宏观和微观上其实是会出现背离的。宏观上看着很松，微观上也许很紧；宏观上看着很紧，微观上也许很松。2006—2007 年有一轮牛市，2007 年通胀上行，为了抑制通胀，整体的货币政策开始收紧，一个重要的标志就是 10 年期国债收益率开始大幅上行。但那个时候股市的监管政策比较松，而且证监会还发布了融资融券试点管理办法，重启 IPO，同时第二批银行系的基金公司也开始成立，整个市场层面的流动性非常充裕。所以，我们看到宏观上货币政策开始收紧，微观上反而迎来了牛市，这是宏观与微观的背离。

2013年6月"钱荒"以后的市场大幅反弹也是一个例子。"钱荒"导致利率很高，大家借不到钱，借钱的成本很高，由于要解决"钱荒"问题，市场开始大幅反弹，我们就看到宏观上流动性很紧，而微观上市场表现很好。这里也涉及前文提到的监管问题，关键是市场主体预判了这些政策变化以后，很多条件发生了改变。所以，宏观与微观背离的情况其实是非常多的。

2023年A股市场的流动性会怎么样？我们先看看2022年的情况。

2022年A股市场流动性

宏观流动性

如果要描述2022年经济的流动性环境，我想可以用一个词——衰退式宽松。衰退式宽松这个词在过去10年经常被提及，因为我们经常遇到经济增长低迷，流动性总体是偏松的。2022年，国内的货币环境总体是偏宽松的，央行降准了两次，降息了三次，而且用了多个直达实体经济的结构性货币政策工具，为市场提供流动性。从统计数据看，2022年年末我国的M2已经达到了266.43万亿元，一年增加了28万亿元，同比增长了 11.8%。从利率指标来看，10 年期国债收益率也基本上在低位运行。

为什么流动性很好，经济表现反而不尽如人意？当然有所谓疫情防控的因素，表现在金融的逻辑上，其实就是宽货币没有造成宽信用，或者说货币之水没有流到希望的田野上，而是成了一条地上悬河，所以经济低迷，流动性宽松，出现了衰退式宽松的明显特征。从数量上看，M2、社会融资规模存量基本反映了货币的供需两面。2022 年 M2 的增速比较快，市场的货币投放量很大，社会融资规模存量的同比增速却震荡下行，M2 同比增速和社会融资规模存量同比增速的差在 2021 年年底为 –1.3%，到了 2022 年年底，这个数据变成了 2.2%，说明货币需求没有同步增加（见图 2-3）。

这和我们实际的感受是一样的，就是居民忙着存钱，企业不敢贷款，企业也很谨慎。

从利率这个指标来看就很能说明问题——7 天的回购利率低于 7 天逆回购利率。什么意思？就是由于资金的需求特别低迷，央行给的钱我们不愿意要，商业银行给实体部门的钱企业也不愿意要。

出现利率塌陷（货币市场利率持续显著低于政策利率）现象，本质问题就是实体经济不振，资金需求非常低迷。这种微

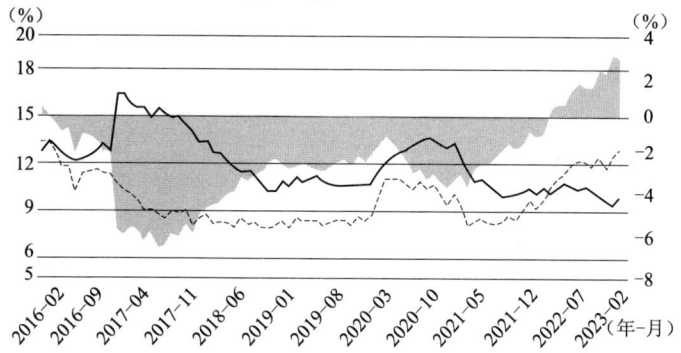

图 2-3 M2 与社会融资规模存量同比增速的剪刀差

资料来源：Wind，如是金融研究院。

观的情况在宏观上其实也出现了。我们过去在发达国家看到那种情况就是流动性困境，央行有非常强的意愿去投放货币，但是企业获取资金的意愿非常低，所以货币很宽松，信用在收缩，这种收缩势必又影响整个实体经济的恢复。

2022 年是这样一种情况，2023 年会不会有所转变？2023 年的市场还是会表现为衰退式宽松吗？关于这一点，我们在看了蓄水端之后，还要看一看 2022 年抽水端都发生了什么变化。

微观流动性

2022 年 A 股市场资金供给的净额创下了近 10 年来的新

低。一方面，资金的总供给减少了 8 750 亿元。新发基金的规模以及私募基金规模是明显萎缩的，而且由于海外启动了超常规紧缩的货币政策，美联储加息力度非常大，人民币贬值，外资对进入中国市场非常谨慎。

从数据上看，2022 年，北上资金净流入 900.2 亿元，与 2021 年的 4 321 亿元相比大幅缩水。大规模的疫情防控，再加上地缘政治的扰动，整个市场充斥着一种避险情绪。当然，这种避险情绪对债市有好处，所以导致一个很有意思的现象，就是 2022 年大量的资金从股市转向了债市，有统计说资金规模大概有 8 000 亿元。也就是说，A 股市场在 2022 年面临了多重冲击，出现了非常明显的近 10 年以来的资金供给低迷。

另一方面，受 IPO、再融资这些因素的影响，股票市场资金的总需求大概有 1.9 万亿元，也就是说，粗算一下，2022 年 A 股市场资金的供给净额约为 –2.8 万亿元，远远低于 2021 年的 2.4 万亿元。所以，2022 年股票市场资金的供需是明显失衡的，有微观上的原因，也有宏观上的原因，除了经济金融领域，在公共卫生政策、地缘政治等方面我们也可以找到对 A 股市场影响比较大的因素。

2023 年的市场会不会还呈现衰退式宽松？目前看来已经不是了，但是流动性到底能够改善到什么程度，宽货币能不能真正地转为宽信用，现在还很难做出结论，还需要观察。

2023年A股市场流动性

2023年的市场相对于2022年有几方面的变化。总体来看，是稳增长。因为2022年的增长确实比较低迷，疫情防控政策成为主要的影响因素。当然，我们知道最近几年经济增长的低迷也不仅仅是因为公共卫生政策和疫情防控，它本身就处在长周期的台阶下移过程中。2023年比较确定的情景就是疫情防控政策的调整，以及消费的恢复。2023年，消费恢复的确定性是比较强的，但是投资能有多大的恢复，要看房地产。我们相信，在投资的四大领域里，房地产有企稳的可能性。基础设施建设投资在政府政策的推动之下，我想可能会有比2022年更好的表现。但是，制造业恐怕很难有比较大的投资增长。

从三驾马车这个角度看，2023年最大的挑战一定是出口，因为我们从2022年9月就已经观察到，包括中国、韩国、日本、越南等在内的出口型经济体的外需都在下滑。外需的下滑可能会让国内稳增长措施的效果大打折扣，所以2023年相对于2022年，经济肯定有所恢复，GDP增速大概率在5%左右，但复苏的难度还是不小的。

从货币政策这个角度来讲，我想2023年不会有太大的变化，不会收缩，当然也不会像很多人想象的那样大宽松，因为已经非常宽松了。2023年的重点实际上是推动宽货币向宽信用转变，真正把所谓的货币之水、地上悬河的问题解决了，把水真正引入土地，引入实体经济部门。所以，在地上悬河里打开闸门，继续放水，超常规地放水，根据目前我们预计的货币政策取向，大概率不会发生。最近市场上很多人在说，我们是不是会有一个超级刺激经济的计划？我觉得可能性不大。

还有一个问题是海外市场的流动性拐点。这个问题其实是有争议的，目前大家的共识似乎是，美联储加息和美元升值的节奏放缓，我们资本流出的压力减小。但我一直对这个所谓的共识持怀疑态度。由于美国发生高通胀，美国的非农就业人数以及美国消费数据表现强劲，而且通胀又有天然的黏性，即通胀不会很快消失，同时有反弹的可能性，所以美联储对于通胀依然会保持高度警惕，甚至，美联储的加息政策有可能比大家预计的还要强硬。所以，海外市场的流动性拐点即便出现，也可能仅仅只比2022年下半年，也就是美联储加息最强烈的这段时间好一点，很难像很多人想象的那么乐观。

我们再看一看微观层面。2023年股票市场的增量资金可能来自哪里？2023年春节以后，这一轮市场的回暖到底能不能持续？我来做一个初步判断，供大家参考。

A股市场的这些增量资金现在看来主要还是来自机构。2022年，机构持仓的占比相比2021年是提高的，初步统计，在自由流通市值这个口径之下，截至2022年第三季度，机构持仓占比是53.36%。从仓位上来说，私募基金的仓位在2022年年末已经升到了2016年以来的88%分位，也就是说，机构的私募持仓比重是最近几年比较高的水平了。相比之下，保险资金仓位尽管在2022年11月触底回升，但只是2016年以来的中等水平，大概到了56%分位上。外资和公募基金在2022年第三季度的仓位是2016年以来中等略偏上的水平。所以，私募基金的仓位最高，外资和公募基金中等略偏上，保险资金目前还处在中等水平。

2023年年初以来，国内流动性的充裕已经反映到了股票市场上。一方面外资路不通，2023年1月北上资金累计净流入1 412.9亿元，超过2022年全年净流入（900.2亿元）。随着美联储加息的缓和，假定全球不再出现类似于俄乌冲突这样的重大事件，预计美元指数在2023年将高位盘整，相比2022年下半年的强势会有所缓和。考虑到这些因素，如果北上资金加QFII的外资持有的流通市值占比回升到接近2021年年底、2022年年初水平的话，经有些机构测算，大概能带来增量资金3 280亿元。这是个好消息。

另一方面，我们看到内资、杠杆资金、融资融券余额在2023年春节以后确实明显改善了。而且2022年下半年以来，产业资金对市场也表现出比较乐观的预期，我们从减持资金就可以看出，减持资金总体上呈现下行态势，同时回购资金呈现趋势性回升，也就是说产业资本在回购股票。产业资本更了解行业和企业，它考虑的周期也更长，意味着产业资本对2023年持相对乐观的态度。

所以从这个角度来讲，2023年的流动性环境伴随着疫情防控政策的调整、流动性的充裕，以及机构预期的改善，我想确实要比2022年好得多。

现在已经全面实施注册制，那么注册制到底在宏观上、微观上对流动性的影响有多大呢？其实不能一概论之，注册制的短期影响其实不是特别明显。前文讲过，注册制让普通投资者炒股票的难度增加了很多。但注册制对市场的影响主要还是体现在长期上，比如，由于上市公司会越来越多，尽管相关部门会控制节奏，整体上股票供给还是增加的，如果流动性跟不上，无论是在宏观还是在微观上，都意味着估值有向下的压力。同时，A股和港股面临一个很重要的问题：实行注册制之后，尽管是两个市场，但是A股同类企业也存在估值拉平的趋势。当然我们也可以说，A股可能也会像港股那样两极分化越来越明显。

上市公司这么多，怎么选股票？很难选。很多中小盘的股票供给大幅增加，大家会去抢这些有限的流动性，可能出现香港市场上那种所谓的"仙股"无人问津的现象。原来还有一定价值的壳公司，价值也会越来越小，甚至毫无价值。

所以，注册制带给普通投资者的挑战越来越大了，投资者选股的难度越来越大，所需要的专业度也越来越高。当然，我们也需要看到注册制是中国股票市场、资本市场改革很关键的一步，也是金融助推实体经济，推动产业升级转型的一个重要举措，意义重大。

我想强调的是，全面实施注册制，其实对交易所、对不同的板块行业的估值、活跃度的影响差异是很大的，不是说实行注册制后就一定会迎来一轮牛市，这种想法太过乐观了。

对比2022年，以及过去一些宏观流动性和微观流动性背离的情况，2023年，无论是在宏观上还是在微观上，流动性的改善应该都是比较确定的。所以，2023年的市场总体表现会比2022年好。

风格轮动：
大盘还是小盘？成长还是价值？

到底是什么决定了 A 股市场的风格，是大盘股还是小盘股？是价值股还是成长股？其实，专业机构也很难逃脱亏损的厄运，2022 年就是这样。

2022 年和 2018 年的情况类似，很多专业机构净值回撤幅度都非常大。有很多我熟悉的投资人，专业能力都非常强，但在 2018 年、2022 年这样的年份也无力回天。A 股市场虽然在 12 月中下旬出现了一轮反弹，但是 2022 年全 A 指数下跌了 18.66%，先跌后涨，再跌再涨，形成了一个 W 形行情。

我们要看到这种走势背后市场风格出现了哪些变化。说实话，从 2022 年的走势来看，大小盘的差异实际上并不明显。从 2022 年年初到 12 月末，沪深 300 指数跌了 21.63%，中证 1000 指数跌了 21.58%。从节奏上来看，2022 年 1—4 月大盘股是占优势的，5—10月小盘股总体占优势，而11月以后大盘股又占优势。

抛开大盘股、小盘股的划分，再从成长股和价值股的角度来看，价值股大概跌了13.99%，成长股跌了27.47%，也就是说，价值股的跌幅是小于成长股的。复盘来看，2022年第二季度成长股占优势，但是下半年下跌的行情开始加速，10月底以后，价值股相对于成长股又表现出明显的优势。

2021年以来的小盘成长风格会不会被打破？2023年，大盘股有没有可能崛起？价值股会不会战胜成长股，实现所谓的王者归来？在讨论这些问题之前，我们可能先要明确一个概念：市场风格。

什么是市场风格？

所谓市场风格，就是不同行业共同拥有的一组属性。简而言之，就是在不同的时间段，大家会对同一类公司热捧，市场就会给它一个识别度特别高的名字。比如最近几年兴起的"核心资产""白马股""龙头股"，2015年的"小票风格""次新股"。美国也有类似的概念，最耳熟能详的就是"漂亮50"。

那么，常见的市场风格有哪些？目前最主流的划分方式就是两个：大盘风格与小盘风格，成长风格与价值风格。相应地，大盘股与小盘股，成长股与价值股，有不同的标准。

大盘股和小盘股主要从总市值上区分，但没有一个具体的标准，因为股价的涨跌会影响到总市值的变化。一般来说，现阶段总市值超过 100 亿元的股票被称为大盘股，而小盘股的总市值在 50 亿元以下。

成长股和价值股一般按照财务指标和估值指标划分。成长股一般以成长性财务指标来衡量，价值股一般以估值相对水平、分红率相对水平来衡量。而往往市场会给予成长股相对高的估值，对成长性一般的公司给予较低的估值。因此，成长风格往往和高估值挂钩，价值风格往往和低估值挂钩。

另外，按大类行业划分，市场风格还可以分为周期、金融、消费、科技等风格。

在 A 股市场上，有投资经验的投资者都清楚，投资风格或者说市场风格很重要。因为择时很难，所以选对风格就特别重要。而且 2010 年以后，A 股市场整体上有超过 70% 的时间都表现为结构性行情，而结构性行情就跟风格有关，也就是说，如果押错了赛道，很可能颗粒无收。

2000 年以来，大小盘风格经历过三次比较大的调整，每一次的时间长度为 5~8 年不等（见图 2-4）。从经验上看，成长风格与价值风格 2~3 年切换一次，这两种风格的切换比大盘与小盘风格切换的频率更高。也就是说，如果你选对了风格，收益率还是不错的；选错了风格，大概率是要跑输市场的。这就是 A 股市场的独特之处。

图 2-4　A 股大小盘股的风格切换

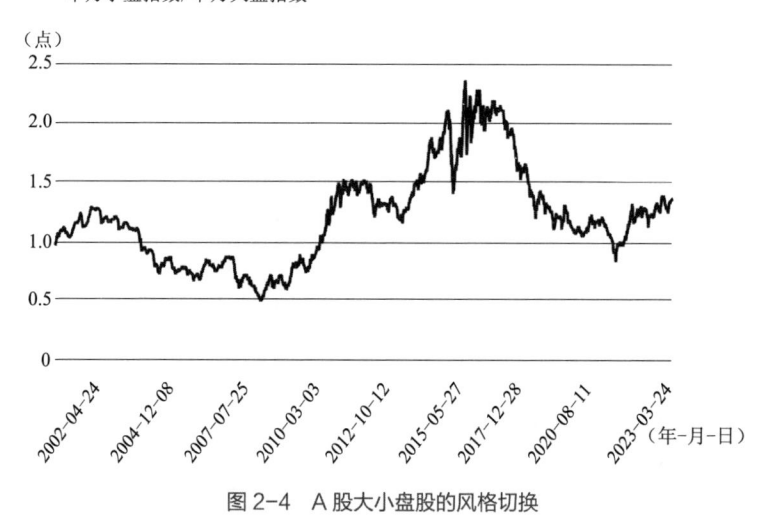

资料来源：Wind，如是金融研究院。

举个例子，2015 年 7 月到 2021 年 2 月，大盘股占优，整个上证指数的超额收益是 50.98%，小盘股是跑输上证指数的，而且跑输了 27.2%。再比如说，2021 年 2 月到 2023 年 3 月，小盘股相对于上证指数的超额收益已经达到了 20.8%，而大盘股相对于上证指数的超额收益是 –16.1%。

大小盘市场风格如何轮动？

我们怎么去观察风格的轮动？虽然没有人有上帝视角，但是我们后来发现，可以从几个维度去看，到底哪些因素影响了大盘与小盘风格、价值与成长风格的切换。

第一个因素是经济基本面。相对盈利的水平是风格轮动的核心。很多机构把 A 股市场上非金融板块、市值规模排在前 50% 的个股视作大盘股，后 50% 的个股视作小盘股。也有很多机构做了测算，基本结论就是，除了 2016—2017 年供给侧结构性改革时期，2010 年以来，大小盘股的相对业绩优势是市场风格最主要的决定因素。

第二个因素是市场流动性。前文讲过宏观流动性和微观流动性，根据目前的经验，流动性好，对小盘股有利，流动性差，对大盘股有利。流动性好和中小盘占优行情并不是严格一致的，可以说，前者是后者的必要不充分条件：小盘股好，流动性一定是不错的；但流动性不错，小盘股未必好。

2015 年救市的时候为什么先要救大盘股？因为小盘股的换手率高，而且指数权重相对比较低，从救市这个角度来讲，它比大盘股更耗费资金。一旦市场风格转为小盘风格，则需要更多的资金才能推动整个市场。

这个道理其实很简单。举个例子，中石油占整个指数的权重大，要真正稳住指数，给大家信心，拉一拉中石油和几家大银行就可以了。但是，要想推动整个小盘股的活跃就很难，因为它换手率很高，参与的交易者特别多，反观中石油、几大银行，其实没多少散户。所以，市场流动性也是非常重要的观测指标。

第三个因素是增量资金偏好。这里的增量资金指的是机构的增量资金。当机构增量资金流入提速的时候，大盘股就占优。这里其实有一个微观现象，即从投资的理念、逻辑、流程来看，专业机构在选择股票的时候，往往会选择龙头股。大盘股票市值比较大、比较稳健，行业比较稳定，企业比较稳定，盈利比较稳定，但由于盘子比较大，资金能够进去。一个小盘股，即便公司挺好，市值可能只有2亿元，而增量资金可能有50亿元，根本吃不饱。所以，外资会天然地偏爱所谓的大盘股、蓝筹股。2016—2020年，外资持仓的比例快速上升，成为机构资金主要的增量来源，外资持仓的比重从2015年年底的1.44%，提高到了2020年年底的5.3%。而外资愿意买什么？买消费股，买金融股，买这类公司里ROE（净资产收益率）水平比较高、盈利比较确定的"白马股""龙头股"，所以大盘股就占优势。

未来，增量资金对股市的影响越来越大，所以增量资金喜欢买什么，同时，它的投资纪律、投资流程决定了它只能买什么，对股市就尤为重要了。

第四个因素是估值性价比。历史上为什么会出现大小盘风格切换，而且切换主要发生在估值比较极端的时候？2007年10月、2021年2月，发生了大小盘风格的切换，这个时候大小盘的风险溢价差都达到了极低的水平。这就意味着，配置大盘股的性价比降到了非常低的水平，然后大家开始买小盘股。因为大盘股涨到一定程度，持有大盘股的风险就越来越大，而小盘股已经跌到足够便宜，持有小盘股的性价比开始提升。这两种风格的切换从它们的风险溢价差极小的时候就开始了。

成长与价值市场风格如何轮动？

成长风格与价值风格大约是按照市值、成长性和价值性去划分，并没有确定统一的标准，但基本上有以下三种方法。

第一种，按照板块的估值景气度主观分类。成长板块主要涉及TMT（科技、传媒和电信），包括信息技术、计算机、电力设备、军工、电子等行业。而价值板块往往是一些传统行业，比如银行、地产、建筑、建材、交通运输、公用事业等。这是一种主观的划分方法。

第二种，使用A股市场现有的价值类和成长类指数。这类指数主要有国证和中证两个系列，其中中证系列是使用最为广泛的价值/成长类指数。但国证系列也存在误判的情况，比如2013—2015年，国证成长指数并没有跑赢价值指数，而实际上这个时期是成长股占优。当然，这跟构建指数时选择的具体标的有很大关系。

第三种，用高市盈率/低市盈率指数。正常市场环境中，投资者会对长期发展空间大、成长性较好的标的给予较高的估值，而对长期空间发展有限、增速稳定或者盈利稳定的标的给予较低的估值。因此，成长和高估值虽然不能完全画等号，但也近似，而通常意义上的价值基本上等同于低估值。

风格轮动是多种因素造成的。其实，风格背后还反映了行业的变化、盈利情况，以及大家对于未来的信心，再加上宏观经济政策、流动性等。所以大小盘风格也好，价值与成长风格也好，市场风格归根结底还是基于行业和经济基本面。很多人说，股市是经济的晴雨表，这种风格的切换，恰恰反映了经济增长的前景以及行业的变迁。

2023年A股市场风格预测

2023年的A股市场会不会出现大小盘风格的切换，或者价值与成长风格的切换？

我在这里做一个初步判断，不构成任何投资建议。总体结论是，短期内似乎不具备从小盘成长风格切换到大盘价值风格的环境。有以下几个原因。

第一，经济在恢复，微弱地恢复，盈利也在筑底，但是盈利的拐点从库存周期的领先度看，可能要到2023年第四季度才会出现。也就是说，从上市公司盈利的情况来看，经济要真正出现明显的上行趋势，可能要到2023年第四季度了。所以，2023年稳增长的压力很大。稳增长是个宏观问题，但它微观上一定要表现在上市公司的盈利上。

第二，从国内环境来看，流动性会保持相对比较宽松的状态，政策面也是比较友好的。但是，大家期望的那种超级宽松，以及上市公司盈利的快速增长，基本上不可能出现。

第三，政策面的一些变化确实给小盘成长股提供了很好的环境。比如在国产替代、国防安全、军工等领域，小盘股的行情仍然是可以期待的。或者说2023年在整体经济环境好转、政策环境比较友好的情况下，小盘股的这种炒作行情会不断地出现。从整体上看，出现大水漫灌，然后有利于大盘股的状况基本上不可能发生，所以2023年的股市应该还是呈现出结构性行情。很多人期待出现全面的大牛市，我觉得可能性是不大的。从基本面的角度来看，成长股的景气度在短期还是占优势的。电子电力设备，特别是跟新能源汽车相关的上中下游产业链，景气度还是比较高的。虽然过去两年对新能源相关公司的估值有所透支，但它依然在景气赛道上，甚至由于技术的迭代、整个市场的变化，很多细分领域依然会涌现出很多优秀的小盘成长类公司。

对于大盘价值股来讲，需要大的流动性，需要像2009年那样在"一揽子计划"的宏观政策背景之下的修路架桥、盖房子、基础设施建设，这在2023年是很难看到的。2023年，房地产市场出现了一定程度的反转。与其说是反转，不如叫反弹。我们不大可能再经历从新千年初到2019年接近20年时间里房地产市场一轮又一轮的繁荣周期，这一轮房地产市场的稳定复苏可能已经是比较好的情景，很难再现2014—2015年那样房地产市场全面繁荣甚至过热的情况，整体的行业景气度不可能像历史上的繁荣周期一样。也可以这样说，房地产市场再也回不到从前了。

从性价比的角度来讲，小盘股的历史估值无论从市盈率还是市净率看，相对大盘股还是比较低的。从这个角度展望，可能2023年整体的市场风格还是结构性的，并且小盘成长股可能会更活跃，更占优势，出现大盘价值风格和小盘成长风格的切换是比较困难的。当然，我们还要考虑其他的因素，比如美联储的因素，加息是不是暂时告一段落，会不会"由鹰转鸽"，从而使资本流出的压力消除，美元贬值，人民币升值。如果是这样，对国内资本市场的推动还是非常大的。但我觉得这种情况很难出现。同时，还需要考虑一些重大的突发事件对国内整体市场情绪面和资金面的影响。

不管怎么说，其实2023年的基本面比较好，无论是大盘股还是小盘股，无论是成长股还是价值股，在整个宏观环境改善和政策友好的氛围之下，可能都有机会。2023年的市场有很大概率比2022年要好，希望大家在2023年能有所斩获。

第三章
行业配置：新周期的行业机会

投资时钟：
经济周期与行业配置

在这一节中，我们来聊一聊经济周期和大类行业配置的关系，也就是在什么阶段选什么行业。这个问题说起来简单，其实做起来特别复杂，精准踏上这种节奏几乎是不可能的。

大类行业轮动

著名的美林投资时钟实际上是根据经济增长和通货膨胀来划分经济周期的，它把经济增长和通胀结合起来描述经济周期，然后去看整个经济周期里不同资产的波动情况。股票、债券这些资产在不同的阶段，各有优势和缺点，或者说在衰退、复苏、过热、滞胀这四个阶段里，资产表现是不一样的。如果放在经济周期里，行业基本上可以划分成四型：周期型、防御型、增长型、价值型。这其实和我们分析美林投资时钟的资产波动与经济周期的关系有点类似，只不过我们是在整个经济周期中，从行业角度去看。

那么，中国的金融机构，特别是券商，怎么划分所谓的行业风格？

其实，划分行业风格的方式非常多，一般把金融、周期、消费、成长、稳定这五大类作为最常见的行业风格分类（见图3-1）。但很多机构都做过统计，大家发现，稳定风格的上市公司长期跑输，波动率也比较小，难以持续跑赢指数，所以一般就不讨论，只讨论其他四类。

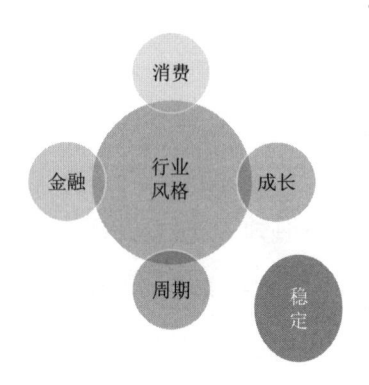

图 3-1　行业风格分类

第一大类金融风格主要包含银行业和非银行金融业。这里要特别说明一点，大部分机构其实是把房地产放在金融领域的，所以我一直强调房地产市场是资本市场，是金融市场。银行、非银行金融、房地产，都属于大金融行业风格。在A股市场上，金融行业的前五大权重股是招商银行、中国平安、兴业银行、中信证券、农业银行。

第二大类是成长风格，包括TMT、国防军工、电力设备这些成长性行业，有色金属、机械、医药等行业的一部分公司（注意，不是全部），由于成长性比较高，也被划在成长风格里。这一类的前五大权重股为宁德时代、隆基股份、东方财富、中国中免、海康威视。

第三大类就是我们熟悉的消费风格，包括食品饮料、生物医药，两者合计占比接近70%，家电和农林牧渔占比也在10%以上。大家熟悉的消费类公司，比如贵州茅台、五粮液、美的集团、伊利股份、药明康德是消费类前五大权重股，这些公司基本上都是龙头公司。

第四大类行业风格就是周期，这些行业与经济波动的关系非常密切，我们称之为强周期行业。经济往上走，盈利改善非常明显；经济往下走，盈利下滑也非常明显。周期风格主要包含化工、汽车、机械等多个行业。其前五位的权重股是比亚迪、紫金矿业、万华化学、三一重工、盐湖股份。

表 3-1　各行业风格概况

行业风格	主要包含行业	前五大权重股
金融	银行、非银行金融和房地产	招商银行、中国平安、兴业银行、中信证券、农业银行
成长	TMT、国防军工、电力设备等，有色金属、机械、医药等行业部分公司由于具备高成长性，也被划入成长风格	宁德时代、隆基股份、东方财富、中国中免、海康威视
消费	食品饮料、生物医药合计占比接近70%，家电和农林牧渔占比也在10%以上	贵州茅台、五粮液、美的集团、伊利股份、药明康德
周期	化工、汽车、机械等多个行业，组成较为多元	比亚迪、紫金矿业、万华化学、三一重工、盐湖股份

中美股市大类行业表现

拉长时间周期看，消费类股票的表现是最好的，而金融类和成长类相当于交替跑赢，互有输赢，周期类的表现是比万得全A指数要差的，只有阶段性的超额收益。从这四个行业风格的累计收益来看，从2005年行业风格指数建立到现在，整个消费类的年化收益率为15%，超额收益也最高。大家似乎觉得消费行业不太起眼，收益慢，结果它的年化收益率是最高的，而且跑赢万得全A指数460个百分点。所以，外资大机构投资一定会配消费股，配龙头股。

成长类股票在 2009 年之前是长期跑输市场指数的，但是在 2010 年之后势头就开始起来了，相对于权益类指数基金，它更有优势。那么，2010 年以后 A 股的消费、成长风格长期占优，到底是什么原因？原因很复杂，但根本的原因还是中国经济在升级转型，中国经济结构在变化。整个经济的动力正在从投资转向消费，整个产业结构正在从传统制造业逐步向新兴产业倾斜。尽管很多人都说上证指数 10 年不涨，总是在 3 000 点左右徘徊，但其结构是在变化的，整体估值也是在下移的，甚至估值的下移很大程度抵消了上市公司盈利对指数的支撑。

我们再进行一下国际比较。美股也是如此，从长周期看，还是消费、成长类占优，当然这也反映了美国经济和产业结构的变化。从 1990 年到现在，美国股市年化收益率排在前三的行业是信息技术、医疗和非必需消费，年化收益率分别达到了 12.1%、10.0% 和 9.7%，大大高出标普 500 指数每年平均 8.1% 的年化收益率。如果我们只看一年的市场情况，似乎很难看到这些特点，但要是拉长周期看，就会发现股票市场行业风格的这种变化，这基本上反映了实体经济部门的变化。

如果再缩短一下周期，行业风格的轮动也有一个特点：单一行业风格连续占优超过 3 年的概率比较小，基本上就持续

2~3 年。长期来看，消费、成长类占优势，但不是不轮动。A股单一风格持续占优的时间，3 年是极限。所以，以年度为单位进行风格选择，在 A 股市场上确实是有意义、有道理的，这也是为什么原来不愿意择时、不愿意选择行业的机构开始慢慢地转变思路。因为以年度为单位虽然从长周期这个角度来讲时间很短，但实际上对投资收益的影响是非常大的，特别是在公募基金领域，由于要考虑排名，而且是相对排名，年度收益是非常关键的指标。

如何把握行业风格的轮动？

不同经济环境之下，既然行业在轮动，我们怎么去观察，怎么去把握？为什么每年年初大家都要预测今年什么行业会是主流投资标的、主流赛道？没有人可以抛开这些。巴菲特卖掉新能源汽车的股票，开始买入传统的石油公司股票，就是这两年的事情。

对于风格轮动，可以从以下几个维度去观察和把握。

第一个维度是经济周期，到底处于上行、下行，还是低迷震荡阶段，要判断清楚。对经济周期的判断，以我个人的经验，每年都很难，尤其像 2018 年、2022 年，由于涉及中美关系、地缘政治,以及疫情防控这些重大突发因素,全年走势差异很大,很多机构都看错了,我也看错了很多次。

一般情况下,在经济上行周期,成长类股票往往是表现不佳的,反而金融、周期、消费类有机会跑赢市场。在经济下行周期,由于需求下滑,周期类股票很难跑赢大盘,金融、消费、成长类反而更有机会。

经济周期是我们判断上市公司股价走势的基础。

第二个维度是流动性环境,货币政策是加息还是降息,是紧缩还是扩张,二者差异很大。如果整个流动性环境是扩张的,那么金融类股票就有望跑赢市场;如果是紧缩的,金融类的表现一定不好。这是过去的市场走势提供给我们的比较清晰的经验,但在具体分析时情况非常复杂。在经济上行周期,是不是马上要面临衰退的拐点?衰退的拐点到底会引发什么样的宏观政策?对于这些问题,在分析A股市场时确实比较难判断,或者说A股市场的投资确实比较卷,你要分析预期,而且不同机构要预期你的预期,境外资金还要预期你的预期的预期,非常复杂。我曾经称这种现象为A股市场结构的内卷化。

相反,港股、美股这些相对成熟的市场没有这么复杂。造成这种局面的原因当然非常多,与监管环境、发行制度、投资的文化氛围有非常大的关系。

流动性环境肯定是我们必须要分析的一个重要因素。

第三个我觉得比较重要的维度就是量价周期。量和价到底是怎么变的，是量价齐升，还是量在价先，或者量缩价升，抑或量缩价跌？不同的行业风格表现差异很大。

比如说，在经济上行周期就很难出现周期类股票的价格下跌，在量价齐升的情况下，消费类股票最可能有超额收益。举一个最普通的例子。经济上行周期，经济繁荣，很多消费类股票卖得也多，营收越大，利润越高。

那么量缩价升的情况又如何？量缩价升时其实是周期类占优势，消费类表现不佳。比如说，经济繁荣，需求量大，石油天然气行业的表现就非常好，而且一定是量缩价升。

所以，经济周期、流动性环境，以及行业特点、量价关系，是我们观察不同经济环境下行业轮动的基础。

此外，无论什么行业、在哪个经济周期，都不可能逃开货币信用周期。或者说，我们需要把经济周期和货币信用周期、把产业周期和货币信用周期充分地结合在一起看。

金融风格的决定变量包括经济周期和货币信用周期。也就是说，金融类股票能不能跑赢市场，主要看经济周期和货币信用周期。这里的货币信用周期主要涉及流动性环境。举个例子，如果经济周期处于复苏、繁荣阶段，但是这个时候流动性环境开始收紧，也就是货币金融环境或者货币信用环境收紧，利率要上行，那么银行业也好，非银行金融业、房地产业也好，往往既有绝对收益，也有相对收益。比如说，银行利率提高了，其实对商业银行来讲是有一定好处的。当然，也要看当时所处的经济周期、货币信用周期的具体特点。

大家有没有发现，对于同样的行业、同样的周期，可能因为政策环境或者预期不一样，市场逻辑和你的结论是不一样的。在经济下行周期里，如果货币政策没有给予大幅度的刺激，货币环境还比较紧，这实际上是比较糟糕的一种状态。这个时候，金融行业有一定的抗跌属性，跌得比其他行业要慢。

我们看看过去几年的经济周期、货币信用周期。2017年，当时的经济环境还是不错的，但我们已经预判到货币政策要收缩，监管环境要全面收紧，流动性环境要收紧，出现货币信用下行周期。这种情况其实从2017年上半年就开始了，整顿银行，整顿非银行金融机构，收缩杠杆，连带着对房地产的影响也慢慢显现出来。随后在2018年又遭遇了中美贸易冲突，那一年股票市场跌了1/4，全球股市的表现都非常不好。2018年开始全面地放松货币政策，才有了2019年相对表现比较好的股市和经济的恢复。正准备一路高歌猛进的时候，2020年疫情来袭。随后这三年的时间，经济在疫情的特殊状态之下运行。

那么，产业周期和货币信用周期又是一种什么样的关系？

成长风格的决定变量是产业周期和货币信用周期。现在复盘去看，成长类股票能不能跑赢市场，主要还是由产业周期决定的。我们看到这一轮科技周期带来的产品创新、商业模式创新，确实对整个世界的改变非常大，中国也迎来了一轮移动互联网的红利，大量平台型互联网企业出现。2019年以来的成长类行情，驱动力就在于武器以及新能源行业，有的人甚至说，新能源是我们未来可能要长期关注的一个赛道。新能源汽车的基本特征已经和传统燃油车不一样了，新能源汽车的基本特点其实是绿电化、智能化、共享化。甚至有人说，我们未来开的不是汽车，而是一个行进中的电子产品。

我们回头去看，当成长股占优的时候，经济下行而货币信用环境相对比较宽松，就很难去炒周期，很难去投所谓的价值类股票，反而大家都倾向于相信成长性比较好的行业，相信它们的业绩甚至它们的故事。而这个时候，流动性环境相对比较宽松，对这种行情起到了鲜花着锦、烈火烹油的作用。所以，其实流动性环境是至关重要的，即便有技术创新，也需要货币金融环境的配合。

那么，经济周期和量价周期又有什么样的关系，和某个行业产品的变化到底有什么样的关系？

周期风格由宏观经济周期与周期品量价周期决定，对货币信用周期的变动不敏感。可以这样说，周期风格能不能跑赢市场，要看经济阶段、经济周期，以及这个产品的量价关系。根据很多机构的研究，2010年以前周期股的超额收益主要来自需求的大幅改善。2006—2007年的大牛市，中国正在经历一轮重化工业化，对外我们加入了WTO（世界贸易组织），成为世界工厂，在内部又加快了城镇化，实施土地财政。所以需求起来了，在需求的拉动下，出现了一轮周期的大牛市。2010年以后出现变化，一个重要的驱动因素是政策造成了供给约束，所以我们看到2010年7—11月出现了拉闸限电，2017年6—9月出现了环保风暴、环保限产，2021年3—9月还出现了能耗双控，甚至再度出现了拉闸限电的情况。

消费风格的决定变量是量价周期。从量价周期这个角度来看，消费类股票一般只在周期品量缩价升（经济滞胀）时跑输市场，其余时间均存在超额收益，且对经济周期、货币信用周期的变动不敏感。所以，这也能解释为什么拉长周期看，无论是在中国A股市场还是在美股市场，消费类的年化回报率都是最高的，因为总体上影响它的因素较少。

发现行业配置的机会

那么,我们如何看待2023年的行业配置?从总体策略上来看,经济在恢复,流动性环境相对比较宽松、比较友好,外部环境相对比较安定,从2022年年底的一系列重要会议到2023年的"两会",都在为经济的复苏做准备、做努力,春节之后一开年,各地也都召开了稳增长大会,或者说高质量发展大会。所以,从这个角度来讲,2023年的经济环境、政策环境是相对比较友好的,外部环境相比2022年也要友好得多。

所以2023年的市场逻辑大概率应该是"消费加成长"。可以这样说,上半年看消费,下半年看成长。甚至很多机构特别乐观,说2023年下半年成长类股票的表现要比上半年消费类的表现还要好,因为消费类的反弹在经历了2022年年底到2023年年初这一轮之后,基本上告一段落,或者说要等待估值的修复。

一个经验告诉我们,当大家对基本的行业配置形成一致性预期的时候,这种预期一般不会出现,大家都这么看,最后市场的结果一定不是这样的。但如果从基本逻辑出发,考虑到2023年的基本经济恢复情况、政策环境和外部环境,投资消费类和成长类，我想不会出大错。至于风格切换的节点更靠前还是更靠后，还需要观察。

如果再具体一点，考虑到美联储加息在 2023 年会有所缓和，也考虑到整个流动性环境相对比较宽松，特别是"两会"以后，可能很多重大的部署要依次落地，我认为 2023 年可以依次参考以下三点进行行业配置：

一是流动性宽松、内外政策的好转，会给食品饮料、医药、电子设备等核心资产股票带来所谓的政策红利。

二是如果第二季度盈利出现拐点，政策托底的地产销售有可能在 2023 年下半年继续回暖。那么，我们可以布局偏价值类的金融地产和消费行业。

三是整个 2023 年下半年盈利和信用双双上行，其实成长类更占优势。所以在 2023 年，一些热点的行业，无论是半导体还是人工智能，都依然值得我们重点关注。

当然，市场的变化最后会特别快，尤其是有一致性预期，大家都看好消费类和成长类以后，风格轮动可能出现得特别快，交易层面的波动性也会特别大。但目前我观察 2023 年的行业配置，依然觉得 2023 年是消费和成长风格的主导之年。

消费股：
2023年王者归来

最适合普通投资者的大消费

  2023年，衣食住行类股票怎么投？2023年消费股会不会王者归来？我一般建议投资者不要直接下场炒股票，如果你一定要下场，首先要关注消费股，消费类的公司未必让你赚到很多钱，但不会让你亏太多钱。就像前文介绍的，从年化收益来讲，消费在中美两个市场中都是排在第一位的行业风格。

  目前，股票类基金，以及境外资金，也就是北上资金，消费行业的配置都超过40%，但消费行业的流通市值占比，也就是全市场的配置只有20%左右。所以，机构基本上对消费行业都是超配的。

  具体来讲，在消费领域里，公募基金、境外资金最偏爱的就是食品饮料和生物医药,从目前的情况来看,这两者的配置比例已经接近16%和12%。在北上资金中,食品饮料、生物医药、家电是配置最多的三个行业。

表 3-2 公募基金超配行业

一级行业	配置比例	自由流通市值占比	超配比例	超配幅度
食品饮料	15.88%	7.73%	8.15%	105%
电力设备	17.51%	9.64%	7.86%	82%
国防军工	4.31%	2.86%	1.45%	51%
社会服务	1.12%	0.80%	0.32%	40%
生物医药	11.77%	9.16%	2.61%	28%
电子	8.28%	7.34%	0.94%	13%
汽车	3.82%	3.71%	0.11%	3%
商贸零售	1.69%	1.67%	0.02%	1%
房地产	2.32%	2.30%	0.01%	0%

资料来源:Wind,广发证券发展研究中心。

为什么大家这么喜欢买消费股?2023年春节前后其实有一轮消费股的大反弹,毕竟疫情防控政策放开了,大家可以出去吃饭了,可以出去旅游了,交通都恢复了。

其实,消费是一个很宽泛的概念,包含着很多具体的行业,如食品、饮料、医药、汽车、家电、农林牧渔、商贸、零售、轻工制造、纺织服装,以及消费者服务等。比如汽车,涉及上中下游产业链,行业就更多了,生物医药上中下游产业链涉及的行业也非常多，食品饮料里仅白酒类就有很多优质的公司。

从市值上看，我们刚才介绍的这些大消费领域的行业，基本上可以分成四大类：

第一大类是生物医药和食品饮料。因为市值最大，占比最高，这是我们通常说消费类的时候首先说的两大行业。

第二大类是汽车。汽车行业是可选消费类中最重要的行业，而且非常庞大，单单新能源汽车就涉及电池、整车、零部件制造、玻璃等行业。

第三大类是农林牧渔、家电。我们知道家电行业有很多优秀的公司，农业类也有很多优秀的公司，比如我们在讨论猪周期的时候，多次讨论到养猪的企业。

第四大类涉及商贸、零售、纺织服装、轻工。这一类占比比较小。过去我在进行卖方研究的时候很有感触，大行业的研究员数量多，能挣到的佣金也多，这些小行业总体来讲覆盖的公司少，研究团队也小，整体上挣的佣金也少。因为买方的选择不一样，买方在选择消费类的时候一定选择比较大的行业、大的公司。但是，大家要区分必选消费和可选消费。必选消费就是指大家离不开的商品，单价可能比较低，消耗量比较大，使用频率比较高，食品、服装就是这样。可选消费往往是指你买的时候可能会斟酌，有的时候可能会放弃的商品，比如汽车、珠宝、高端家电，单价相对比较高，一般也是耐用品，使用的周期比较长。可选消费和必选消费是有很大差异的，经济环境越不好，人们收入预期越不好，可选消费受到的冲击就越大，必选消费基本上不会受太大影响，也就是说，必选消费的需求相对比较稳定，可选消费弹性大、波动大。

最容易出现牛股的行业

有人说，必选消费的这些品种，是穿越周期、穿越牛市和熊市的最好工具。从统计上来讲，必选消费行业也是最容易出现大牛股的行业。A股市场在2000年以来累计涨幅最大的几个行业，基本上都是必选消费的板块，食品饮料涨了8倍，生物医药涨了5倍，家电、休闲服务涨了4倍。

从个股来看，消费类公司必选消费的牛股就更多了。有机构统计，2000年以来收益率最高的20个大牛股中，一半是消费股，其中有5个是食品饮料股，3个是医药股，还有一个是农林牧渔股，一个是家电股。我们大家熟悉的茅台、泸州老窖、伊利、云南白药都是超级牛股。

这个规律其实在境外市场也是如此，大家熟悉的就是巴菲特长期持有可口可乐的故事，我觉得这种趋势未来也不会改变。专业的投资机构、海外资金这么喜欢买消费股，不是一个简单的现象，其实反映了一个经济规律。

长期来看，必选消费行业是表现最好的行业，也是最容易出现牛股的行业。这是由必选消费的行业特征决定的：既有消费习惯，又受收入变动影响比较小，还有品牌忠诚度。所以我觉得在2023年以及未来相当长的时间里，在整个经济环境相对比较低迷的情况下，必选消费，再加上公用事业，可能是我们必须要牢牢把握住的领域。甚至即便有其他的机会，相对于必选消费和公用事业带给我们的机会，都可以放弃。

消费领域能够体现消费股价值的因素有很多，我觉得至少有两大因素是非常重要的。

第一，品牌价值是消费股价值最直观的体现。必选消费品行业受新技术的冲击小，很容易形成寡头垄断，龙头公司可以掌握品牌溢价带来的定价权，使盈利能力长期稳定提升。食品饮料的销售净利率尤其突出，这也是其ROE较高的核心驱动力。因为品牌最终是个结果，它已经反映了公司在上中下游产业链上的地位、议价能力、盈利能力。当然，品牌也会有一定的忠诚度，消费，特别是必选消费，有一定的固化性或者说黏性，因为人们吃惯了一个品牌，换个其他品牌可能就不吃了，穿一个品牌的衣服，可能会形成一个固化的习惯。

第二，必选消费的盈利比较稳定，所以很多必选消费的企业都被我们称为"现金奶牛"，即现金流特别好。如果用预收账款与应收账款的比值衡量公司的渠道话语权，食品饮料在所有行业中是最高的，显著高于其他风格的细分行业，乳品、白酒类公司最为明显。

当然，中国市场上很多公司，无论是乳品、白酒还是医药公司，和港股、美股的同类消费公司比起来，股价波动是比较大的。波动大不意味着它的盈利不好，或者不具备必选消费的基本特征，而是由我国股市的交易特点、发行制度、监管环境决定的。比如，中国的股市不能做空，我们买优质的白酒公司股票只能是因为看到它的价值，然后大量机构进场，吸引更多的资金进场，最后整个公司超涨，大大超出它的增长速度。没有做空机制就很难平衡，只能经历这种所谓的看好、抱团、超涨，然后大家慢慢地意识到超涨，再抱团瓦解、股价下跌、超跌、超调，最后股价慢慢地回到它应有的价值水平上。

消费行业与经济周期的关系

尽管市场的波动幅度不一样，特点不一样，但是作为一个早期投资者、长期投资者，你会发现除了享受所谓股价上涨的红利之外，最重要的还是这一类消费公司每年给你稳定的分红。

其实必选消费对择时的要求是比较低的。尽管必选消费行业的盈利非常稳定，但它的盈利波动相对滞后于经济周期。在增长回落初期、价格仍然上行的滞胀阶段优势最明显。而在经济复苏和繁荣阶段，投资必选消费虽然不一定会有超额收益，但大概率会有绝对收益。如果你打算长期持有某只必选消费股，在经济的复苏、繁荣和滞胀阶段入场都是可以的，关键还是看价格。衣食住行、吃喝玩乐是人们离不开的，所以无所谓什么时候进场。

而可选消费是一个强周期行业，主要投资方法是根据宏观经济波动自上而下投资。在经济繁荣期，居民的可支配收入增加，消费意愿提升，物价也开始上涨，可选消费进入盈利改善的阶段。这个阶段，可选消费板块指数通常能跑赢大盘。比如我们最熟悉的汽车行业，它的周期性就非常强，基本以3年为一周期。

那么2023年，消费是不是又会成为主导性的行业风格？我觉得大概率是的。尽管春节以后，消费迎来了大反弹，但我觉得还没有完全结束。实际上，2015—2020年，消费股的表现都非常好，甚至整个市场都对从投资向消费的经济增长动力转型充满信心，也造就了很多消费类的大牛股。

当然，也出现了消费股的大调整。比如说，茅台的股价出现了剧烈的下跌。现在我觉得，从2021年的下半年到2022年的6月底7月初，整个消费行业慢慢迎来了风格的修复和估值的修复。2023年对于消费类的公司，特别是必选消费类公司，可能是一个转折点。也就是说，经历了过去的戴维斯双杀，估值业绩被大大地透支后，消费股现在又重新回到起点上。而基于对未来经济增长的判断，我觉得消费股整体上其实还是处在底部区域。当然，我不是在提供任何投资建议。

从短期来看，随着公共卫生政策的调整，大家生活方式的恢复，涉及衣食住行、吃喝玩乐这一系列消费领域的公司确实在业绩营收上都有明显的好转。

那么，2023年消费股有没有可能取得超额收益？我觉得恐怕还不能这么判断。因为毕竟我们是从2022年疫情的基础之上慢慢恢复的，消费股要真正取得超额收益，需要具备很多条件，需要经济的快速增长，人们信心的快速恢复、收入的快速增加，现在看来，不太可能出现这种情况。

所以2023年，我觉得更大概率是出现经济的微弱恢复，而消费领域会出现超跌的反弹、反转。从整个市场来讲，也更有可能出现结构性机会，这种结构性机会可能来自政策的变化，或者来自超跌的反弹，抑或来自估值修复的动能。

如果2023年要从投资风格上关注消费的话，我觉得更主要的是关注在整个市场出现结构性机会的前提下，消费领域可能出现的结构性机会。比如，2023年我可能相对更看好食品饮料、生物医药的估值修复和反弹，对新能源汽车相对看淡，因为过去两年，对新能源汽车估值业绩的透支已经比较明显了。2022年，购置税减半等政策对新能源汽车的股价起到了非常重要的支撑作用，但是2023年这些政策红利慢慢减少了，它的估值需要一定的时间去修复。

无论如何，2023年也好，未来也好，消费，特别是必选消费，可能是我们抓住机会、规避风险最重要的一个领域。

新消费主义：
后疫情时代的消费重启脉络

我为什么看好二级市场上必选消费的前景？基础原因是中国的消费正在发生非常大的变化，它一定会从实体经济部门传导到二级市场。

这两年关于消费的讨论其实特别多，疫情以后很多方面都在建言献策，讨论如何能够启动消费、刺激消费。有的人认为，消费不用刺激，老百姓有钱了，有奔头了，有希望了，消费自然就起来了，这没有错。有的人认为，疫情冲击比较大，再加上我们过去10年的经济增长处于新常态，经济从高速增长进入中高速增长，中国人的消费受到的影响和冲击是比较大的，所以这个时候急需外力来启动，来刺激。大家也想了很多办法，有人说发消费券，有人说直接发钱、现金补贴，等等。我们看到有关方面也做了很多努力，有的地方发了消费券，有的地方发了补贴，但比较少。

在宏观政策上，这种讨论还在继续，但是我们确实也看到消费的恢复与消费的低迷并存。从短期来看，2023年春节前后，随着疫情防控政策的调整，航空、公路、铁路、地铁等交通出行都逐渐恢复，与之相关的餐饮、旅游也都恢复了，北京的商场里，有的餐馆甚至一位难求。

出现这种现象有很多原因。一个原因是，很多被压抑的需求出现了报复性的恢复。第二个原因是，春节是中国人最重要的节日，消费的这种恢复也在情理之中。要知道在2022年的春节，很多人还是没法回到老家，没法出境、出省的，所以我觉得这种恢复也是可以预计的。

那么消费到底有没有持续性，能持续多久？这是2023年需要观察的一个重要指标。但无论是从中国老百姓的预防性储蓄，还是从社会消费品零售总额与疫情以前的比较来看，我们对于消费的恢复都不能够太乐观。甚至我们可以这样说，新的阶段确实来了，新的时代确实来了，新消费主义也确实来了。

消费重启的基础条件

我们当然不能否定中国消费的最大基础，就是所谓的巨国效应。中国有14亿人口，经济体量比较大，这种体量带给我们巨大的消费红利。尽管我们遭受了疫情的冲击，但是随着经济的恢复，我们的国民收入也有望稳步恢复。中国现在是世界第二大经济体，预计中国的GDP在2030年有可能突破30万亿美元，人均GDP有望达到2万美元。那么，收入的增长、经济的发展、消费规模的增加也是必然出现的趋势。

这种巨国效应在过去改革开放40多年里，特别是中国加入WTO的这20多年里带给我们、带给世界非常多的机会。当然我们也不能忘了，现在的消费在疫情三年以后出现了新的变化，从人均GDP水平来看，2021年我国人均GDP大概是1.26万美元，到2025年有望达到1.59万美元，到2030年有望达到2万美元，这确实是支撑我们消费的坚实基础。

如果我们的经济发展可以持续保持中高速增长的话，从三驾马车这个角度看，中国经济增长过去是投资拉动型，我们希望慢慢地转变成消费驱动型。但是最近这两年的公共政策讨论表示，要真正从投资拉动转向消费驱动，其实是极其困难的。据其他发达经济体的经验，人均GDP超过2万美元以后，消费率基本维持在75%以上，而亚洲发达经济体的消费率明显低于欧美发达经济体，大概是66%，中国的消费率预计到2025年可以达到58.2%。也就是说，中国的消费率要在2035

年上升到与亚洲发达经济体相同的水平，提高空间还是比较大的。但这是简单的线性推测，忽视了几个非常重要的问题。

消费重启的三重挑战

文化的影响

东亚文化、中国文化或者儒家文化对我们的消费有一定影响。我们勤劳、勇敢、善良，我们崇尚节俭，我们的消费比较务实。特别是2017年以后，去杠杆，整顿金融，挤泡沫，炫耀性的消费、高杠杆的消费实际上受到抑制，所以人们面临的消费环境发生了非常大的变化。

我不知道大家有没有这种感觉，当整个金融环境比较宽松、社会环境比较宽松、监管环境比较宽松的时候，大家花钱相对要大手大脚一些。当这些环境发生变化之后，人们花钱会越来越务实。所以也有学者称，今天的新消费主义实际上就是新务实主义。

在20世纪七八十年代，特别是80年代日本出现泡沫经济的时候，东京银座往往人山人海，灯红酒绿，大家花钱特别大方；当泡沫经济破裂，金融收缩，去杠杆，进而导致资产价格下跌，影响到消费的时候，人们越来越节衣缩食，越来越爱存钱，越来越不敢花钱。在同样的文化环境下，经济环境不同，人们的消费行为就发生了非常大的变化。

老龄化的影响

我们应该看到，中国已经进入深度老龄化社会，老龄化、少子化趋势很难逆转。与很多发达经济体不一样，他们是富起来了，但人也老了，我们是未富先老，在人均 GDP 只有 1 万多美元的时候进入了深度老龄化社会。我们也知道，不同年龄段的人对不同的商品服务偏好肯定是不一样的，年轻人可能更偏好娱乐性的商品服务，而中老年人可能更偏好服务于家庭和健康的产品。年轻人可能花钱稍微大手大脚一些，中老年人花钱会更加谨慎。人们的风险偏好和消费偏好不一样。

而步入老龄化社会，很多耐用消费品、大件商品其实趋于饱和，更多的消费将会转向医疗、健康、教育等领域。也就是说，伴随着老龄化、少子化时代的到来，人们的消费会出现严重的分化，很多行业趋于饱和，另外很多行业消费支出的增长空间也是非常明显的。而老龄化、少子化这个趋势我们要经历相当长的历史时期，至少未来几十年可能都处在这个过程中。

无论是从我们的近邻日本、韩国给我们提供的经验和教训中，还是从欧洲国家经历的老龄化、少子化过程中，我们发现在社会层面，人口结构改变导致的消费需求、消费心态、消费行为方面的变化都非常大。

心理的变化

除了以上两个方面，我觉得更重要的是心理层面的影响。过去三年，中国人经历了抗击疫情、疫情防控过程，当然这个过程也影响到了经济增长，影响到了人们的储蓄行为和消费行为。短期内我们看到消费确实在增长，在恢复，长期来看，人们的心态已经发生了很大的变化。我们从宏观数据上看到了什么？是超额储蓄的持续增加。一方面是社会融资、M2 的高增长，另一方面是超额储蓄的居高不下。

人们越来越多地去考虑收入增长有没有持续性，有没有可能再像 5 年以前、10 年以前那样获得更高的收入，获得更高的增长。人们消费越来越保守，越来越谨慎。超额储蓄要真正像很多机构所说的那样，转化成所谓老百姓的消费，恐怕是需要很长时间的，也需要很多条件配合。

再考虑到疫情以外其他领域的变化，比如社会公共政策、产业政策、国际关系，我们发现心理层面的变化可能是影响未来消费最主要的因素。信息越来越通畅，人们对于形势了然于胸，这些因素最后都会影响人们的消费决策、经营决策和投资决策。

消费者新需求

怎么总结所谓新消费主义的特点呢？

第一，大家会越来越务实，追求性价比。过去这些年，或二三十年前的日本，像优衣库这样的企业能够横空出世，崛起为世界级企业的重要原因，就是它们的产品具有高性价比。

第二，必选消费要好于可选消费，或者说，人们越来越多地把钱花在离不开的东西上。我们在2023年春节前后看到的消费恢复，很大程度上其实来自人们的必选消费。

有人说，现在很多人出去旅游，难道这也是必选消费吗？其实对不同收入水平的人来说，必选消费是不一样的。对有的人来说，出去旅游是必选消费；对另外很多人来讲，必选消费可能更多是解决衣食住行的问题。而富人在消费上的缩减，边际消费倾向的降低，将是一个不可改变的趋势。所以，未来无论是在实体产业部门还是在二级市场上，必选消费都可能会有更好的表现。

考虑到产业政策、监管政策以及国际关系的变化，无论是在一级市场投资还是在二级市场投资，我们都要更多地关注那些与民生关系更加密切的行业、刚需行业以及高频消费行业。无论国际风云如何变化，国内产业政策如何变化，这些都是老百姓赖以生存的、离不开的。

从这个角度来讲，人们总要坐车，总要用电，总要用气，总要取暖。所以，除了必选消费，在二级市场上，我认为长期可以看好的领域恰恰是公用事业。

性价比是我们必须考量的问题，刚需、民生、高频是我们必须考虑的特点，那么什么时候会发生重大的变化？或者说这种新消费主义什么时候又会转向？我想，要看未来国际关系的改善情况，要看我们收入增长的情况、恢复的情况，要看人均收入水平提高的情况。

在新消费主义的背景下，消费的分化、下沉也会更加明显。无论是从城市与农村之间的分化、不同城市之间的分化，还是从消费市场的继续下沉、继续渗透来看，服务性消费都会成为未来的一个重要增长点。

再考虑到老龄化和少子化问题，我们可以想见，未来中国老百姓用在服务上的消费支出将会继续增加，而一般商品的消费可能增长不会那么快。可以这样说，过去三年，很多事情都改变了，改变最大的其实是人们的心理状态，而这种心理状态恰恰是新消费主义形成的心理基础。我们要关注新消费主义形成的各种影响要素、各种原因，要看到它在一级市场和二级市场折射出的投资方式、经营方式的不同。

总之，新消费主义的特点就是民生、刚需、高频。所以，与老百姓关系最密切的必选消费，我长期看好。当然，新消费主义的形成有很多原因，希望我们都能在消费分化和下沉的过程中找到机会，并且在投资上有所收获。

成长股：
技术生命周期与估值泡沫

在这一节中，我们来探讨怎么投科技股，并且探讨2023年成长股到底会表现得怎么样。首先强调，我只提供分析思路，不构成任何投资建议。因为科技股也好，成长股也好，波动太大了。

我从业这些年，见过太多明星投资经理、基金经理，可谓"眼见他起高楼，眼见他宴宾客，眼见他楼塌了"。在2015年那一轮大牛市的时候，我也见过很多因为买了成长股、科技股而赚得盆满钵满，可以说红得发紫的投资人。当然，我也见过股灾以后，成长股表现不好，很多明星基金经理非常狼狈，有的甚至退出市场，自此销声匿迹。

所以，成长股确实波动大，不太适合没有什么专业知识或者避险能力的投资者。

其实，专业机构对成长股也是又爱又恨。大家都觉得市场好的时候，似乎对一只股票给 100 倍、150 倍、200 倍估值都很正常。当市场形势下行，形成所谓的负反馈的时候，大家似乎又觉得 50 倍估值都太高了。我将从行业基本逻辑的角度给大家说一说成长股。

什么是成长股？

成长股的波动与经济周期、金融周期，以及大家的情绪风险偏好密切相关。要知道，成长股所属的行业，其实是随着产业的变迁、经济结构的变化而变化的。在 21 世纪的最初 10 年，成长股都是化工、有色金属、房地产板块，都是周期类股票。

今天，我们觉得不可思议，怎么这类公司的股票还成了成长股？在当时的经济周期，这些股票就是成长股，成长性确实非常好。但实际上，2013 年以后，成长股就成了 TMT 的代名词，或者说 TMT 就变成了成长股的代名词，因为 TMT 是新兴产业。

目前，专业机构把成长风格划分成 6 个一级行业和 3 个较为重要的二级行业，分别是电力设备及新能源、电子、通信、计算机、国防军工、生物医药、传媒、稀有金属和医疗服务

（见图3-2）。第一梯队是新能源和电子，二者加起来占成长风格市值的48.7%，是成长风格的核心资产；第二梯队为计算机和通信，市值占比为10%~15%，均为TMT板块中的代表性行业。

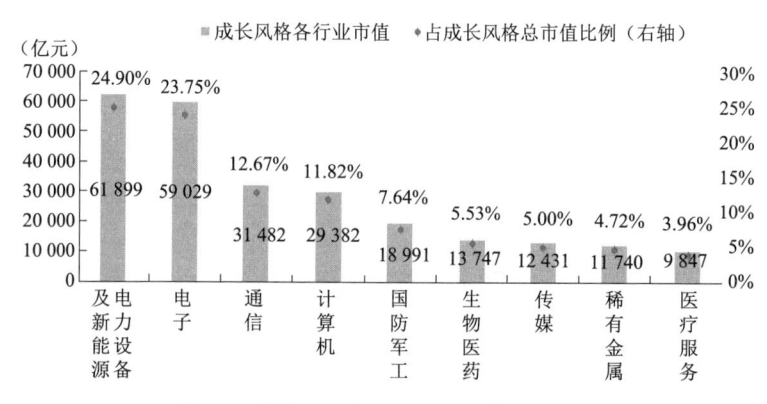

行业	市值（亿元）	占成长风格总市值比例
电力设备及新能源	61 899	24.90%
电子	59 029	23.75%
通信	31 482	12.67%
计算机	29 382	11.82%
国防军工	18 991	7.64%
生物医药	13 747	5.53%
传媒	12 431	5.00%
稀有金属	11 740	4.72%
医疗服务	9 847	3.96%

图3-2 新能源和电子占成长股市值接近一半

资料来源：Wind，国海证券研究所（数据统计截至2022年12月31日）。

稍微梳理一下21世纪成长股的大概走势，有专业机构把它总结成几个时期：崛起期，调整期，主升期，退潮期。我就讲讲我经历过的，因为再远的事情我已经没有那么深的感受了。

我亲身经历过2012年以后，整个成长股从低迷到被大家重视、青睐，继而上涨，最后退潮的全过程。在2013—2015

年的主升期，TMT研究员都是非常厉害的，其收入是最高的，在市场上也是最受关注的。到2016年以后，其实整个成长股就进入了一个慢慢下跌的过程，一直跌到2018年。如果说2013—2015年是主升期的话，2016—2018年就是退潮期，TMT研究员也随之经历了一个潮起又潮落的过程。

从2019年开始，我觉得成长股又进入了一轮新的上升周期。这既有中美货币政策同时宽松的原因，比如2019年中美都在刺激经济，同时也有中美关系变化的原因。中国国内强调自主可控、国产替代，大家越来越觉得，这些科技成长股是未来国家重点支持的方向，是我们必须要突破卡脖子问题的主攻领域，也是中国真正实现产业转型升级和科技创新的载体。

成长股潮起的关键

如果我们从产业技术周期这个角度来看，会发现一个规律：每一次成长股的上涨，都有技术驱动，也有主要核心产品，随着渗透率的提升，整个行业先是迎来业绩估值的提升，在业绩的驱动下，再经历估值抬升，最后估值被透支，业绩无法追上估值，估值又下杀。

而从行业的规律来看，无论是TMT，还是今天大家都非常关注的新能源汽车，在渗透率处在 10%~20% 的时候，往往是估值驱动行业回报最丰厚的时候。也就是说，整个估值被业绩驱动，大家对这个行业的估值非常看好，估值甚至比业绩跑得快。渗透率在 20%~30% 的时候，估值往往就开始调整了，但是不一定会跑输指数。当渗透率到了 30%~50% 这个区间的时候，整个行业的超额收益已经是天花板了，但似乎还有一定的支撑。渗透率超过 50% 以后，行业的超额收益基本上就消失了。

电子、传媒、新能源行业的估值，分别是在核心产品渗透率达到 14.3%、12.3%、10% 的时候开始抬升。那么这三个行业的估值在它们的渗透率达到多少的时候见顶？分别是 19.5%、24.3% 和 21%。当然，新能源行业还在发展中，但我们预计，这两年新能源领域相关上市公司的股价要好好消化一下目前的估值水平。所以，了解产业技术周期的这种变化是买卖成长股的基础。

怎么理解渗透率？渗透率的字面意义是"品类 a 的新增量/全品类 A 的新增量"。对于一些行业，可以直接获取渗透率，比如可以用销量、出货量、装机量、发电量、用户量等指标来衡量；对于一些市场关注度很高的新兴产业，这是一个从 0 到 1 的突破创新或自主可控的概念，而非"存量替代"的概念，可用市场份额、国产化率等指标来近似替代。渗透率就是一个品类产品的新增量占全品类增量的比重。对于新兴产业，我们一般都会看渗透率，去预判它的渗透率天花板。

按照目前中国的政策规划，预计 2050 年燃油车将全面退出，而欧盟已经明确了要在 2035 年实现这一目标。如果按照这个时间节奏，新能源汽车的渗透率存在接近 100% 的高天花板。

又如游戏行业，作为当时的主流游戏形式，客户端网游的渗透率曾达到了 94%。这意味着移动端游戏渗透率的天花板有达到 94% 的潜质。

半导体市场大概也有这样一个特点。参考国外成熟市场的经验，美国半导体设备市场相对比较成熟，也为我们国家半导体行业的发展提供了巨大的空间，因为有很大一部分我们可以实现国产替代。我们姑且对半导体行业进行简单划分。对所谓的高端芯片，我们无法替代，甚至还造不出来，但对于中低端芯片，中国是有非常强的成本优势的。像台积电、三星这些公司，聚焦高端芯片的生产，生产中低端芯片其实是不合算的，性价比是比较低的，所以中国在中低端芯片的生产和出口上有很大的优势。

流动性对成长股行情的影响

除了产业技术周期、渗透率，其实在二级市场，大家更关注的一个指标是流动性。流动性往往代表了市场的情绪，所以不管是成长股还是科技股，其表现与当时的整个货币信用环境是密切相关的。

举个例子，2022年美股出现了大跌，特别是科技股。著名的"木头姐"（凯茜·伍德）一度输给了巴菲特。在这之前，木头姐以投资科技股著称，她充分相信自己所投资的这些科技股有潜力，盈利可以跟上估值，市场可以给她更高的估值。但是在2022年，我们发现她的基金净值慢慢地回归到了和巴菲特的伯克希尔－哈撒韦公司相同的水平，甚至一度低于巴菲特的公司，一个很重要的原因就是大家对于科技股或者说成长股的态度发生了变化，这是个很有意思的现象。

当流动性很充裕的时候，大家对科技股、成长股给出的估值会更高，但当流动性开始收缩的时候，你会发现科技股是比较惨的。所以我们看到，当美联储开始进入强力加息的周期，全球流动性收缩，美元升值，科技股的表现是比较差的。

这种情况一度也影响了港股和A股市场的科技成长股，这是必须明确的一个前提。从全球金融市场角度来讲，对科技股的估值其实没有一个标准答案，也很难形成共识。所以，除了产业技术周期，流动性对估值的影响、对市场信心的影响，是非常巨大的。

2023年的成长股行情

2023年，我们怎么看待成长股，怎么看待科技股？

我们已经明确了，2023年可能是消费，特别是必选消费的大年，在消费低迷了两年以后，整个2023年可能是消费走势发生转折的重要一年。那么，科技股、成长股的走势是向上还是向下呢？目前来看，成长股处在估值的底部，很多机构都做了统计，2009年1月以来，成长股的估值均值是55.2倍，到2022年12月30日，整个成长股的估值水平是43倍左右，估值的分位数大概是26.5%。从中我们看到，与历史上的估值水平相比，目前成长股的估值水平实际上是比较低的。

从业绩上来讲，2023年成长风格也相对占优，较大概率会成为优势风格。从节奏上来讲，我估计2023年消费和成长可能是主导风格，二者可能会发生风格切换。一些专业机构以及一些投资经理认为，2023年大的行情会出现在下半年，因为当大家看到经济恢复、消费恢复、地产企稳以后，在政策环境比较友好、流动性比较宽松的情况下，成长风格的公司可能会重新受到资金的重视和追捧。

那么，新能源汽车产业链的表现在 2023 年是不是会像我们在 2020 年、2021 年看到的那样好？可能未必。目前看来，成长风格可能缺少现象级单品，或者说引领产品，它不像 2020 年、2021 年的汽车领域，要么有以销售见长的汽车企业，要么有以技术驱动或者商业模式驱动的科技推动型汽车企业。

从产业周期这个角度来讲，成长风格在 2023 年似乎还没有特别明确的核心主线，或者说线索比较多，但似乎没有形成一条大的主线。从产业维度看，会不会有新的技术上的突破，带动大的核心单品，然后形成对上下游的带动，现在还需要观察。

2022 年，在大家突然比较关注的信息创新、半导体、消费电子、人工智能这些细分赛道，似乎都经历了阶段性的炒作，估值相对也比较高，估值的消化也需要时间。大家开始转向大的赛道里的细分赛道，比如国防军工。尽管大家在过去的三年里都非常看好这个行业，但是，现在这些行业里的细分赛道，如零部件等领域开始被挖掘。大家在看到高估值的同时，希望企业的业绩能够相匹配，大家也希望在普遍出现高估值的情况下，尽可能地挖掘出价格比较低、估值比较低，业绩有可能覆盖估值，甚至超越估值的公司。

也可以这样说，2023年成长股依然是非常重要的，细分赛道也非常多，但是相比于2020年和2021年，挖掘的难度要大得多。

特别要提醒一点，如果说2023年我们继续关注TMT和军工领域，要注意它们的波动性可能会比较大，很多行业的估值水平其实已经有相当大程度的透支，同时这些行业受到中美关系、地缘政治、监管政策、产业政策的影响极大，我们不要犯幸存者偏差的错误。有些公司确实非常好，似乎有很多机构、很多投资人运气特别好，选到了这样的公司，但不要忘记，从全行业来讲，这是一个受外界政策影响非常大的领域。

2023年，如果要在消费和成长这两者之间选择的话，我可能会更倾向于消费领域，特别是必选消费。而2023年成长股也会有机会，只是会越来越难挖掘，希望你有足够的专业知识和运气能够挖掘到。

人工智能：
ChatGPT 开启全球竞赛

人工智能这个话题很大，我们就从最近火爆的 ChatGPT 来聊一聊。美国的人工智能研究公司 OpenAI 发布了这款 ChatGPT 聊天机器人，几周之后就风靡全球，两个月内活跃用户就达到了 1 亿。要知道，达到这个数字，脸书用了四年半。可以说，ChatGPT 用时之短是创纪录的。

关于 ChatGPT 的讨论也非常多。我身边也有很多人讨论，聊天机器人未来是不是会替代很多工种？我看了很多的应用案例，ChatGPT 确实挺智能，当然，也还有很多不足。可以这样说，很多基础性的工作确实有可能被替代。

业内的评价是，ChatGPT 是一个重要的里程碑，它的意义可能比当年的阿尔法狗还要重大。阿尔法狗刷新了普通人对人工智能的看法，但是它本身能否被广泛应用？现在看来还是挺难的。ChatGPT 则完全不同，它似乎不仅仅是一个聊天工具，还可以写代码、写论文、写情书，还可以在线问诊，还可以当编剧，还可以写诗，还可以评价人。它的应用场景到底是什么样的？可以说，想象空间确实很大。

微软对 OpenAI 进行了为期数年、数十亿美元的投资，美股、A 股市场都出现了 ChatGPT 相关概念股。

百度在 2023 年 3 月 16 日发布了自己的产品文心一言，是一个类 ChatGPT 的应用，所以港股市场上百度股价的涨幅也非常大。国内一些公司的股价甚至连续出现上涨，以至于监管机构对一些个股发出了关注函。当然，我们看到一些大学开始禁止学生使用 ChatGPT 这类工具写论文，中国的互联网监管机构对相关领域发生的一些事情也高度关注。所以可以这样说，ChatGPT 的热潮不仅仅发生在人工智能领域，它在资本市场、社会管理、企业竞争领域，已经引发了连锁反应。

人工智能产业链

资本市场、科学界对人工智能的讨论非常多，人工智能产业链包括三个层面。

第一个是基础层。这是人工智能产业的基础，主要是算力支持，还有硬件部分，主要包括 AI 芯片这些硬件设施，以及云计算等服务平台的基础设施、数据资源，为人工智能提供数据服务和算力支撑。

第二个层面是技术层。这是人工智能产业的核心，就是以模拟人的智能相关特征作为出发点，去构建技术路径，提供通用的技术平台，做算法开发，然后驯化海量数据，也就是软件部分。

第三个层面是应用层。这是人工智能的产业延伸，体现为不同场景的应用和价值。作为外行，可能我们大部分人平时看到的是应用层，即能在什么场景下应用，能带来什么样的新的产业延展。

全球人工智能竞赛

怎么去看人工智能产业的发展？按照国际权威机构 IDC 的估计，2022 年全球人工智能市场的规模是 4 328 亿美元，如果按照同比增长 20% 算，2030 年全球人工智能市场的规模可能会超过 1.8 万亿美元。

可以说，人工智能市场是一个高增长、高集中、高壁垒的市场。增长是因为应用得多，技术发展快，基础设施也越来越完善，其市场份额主要被几大科技巨头占据瓜分。从产品所属领域来看，现在软件的市场占比是最高的，接近 40%。其次是硬件产品，接近35%。其他主要是服务，占比25%。我们也知道，人工智能这个领域的壁垒是比较高的，企业创新成功率不足10%。即便像 ChatGPT 这样的工具，也不是由微软、Meta 这类大公司做的，它是微软持续投资的一个新的创新公司做的。大公司有大公司的问题，即便是欧美这些成熟经济体的科技公司，也是如此。

国内的人工智能全行业渗透率还不到4%，目前只有互联网、金融，以及政府的少数领域在使用人工智能，所以这是一个高研发投入、高人才密集的领域。

当然，中国的企业也在奋起直追，从全球人工智能产业的格局来看，美国处在全球人工智能领域的领导地位，中国紧随其后，其次是欧洲、日本。美国的人工智能企业数量居全球首位，中国处在第二位。有专业机构统计了全球主要国家的人工智能企业数量，美国是 4 171 家，中国是 1 275 家，排在第三的是英国，有 728 家，印度有 489 家，以色列有 356 家。截至 2022 年 4 月，美国人工智能企业的累计融资规模是 1 601.9 亿美元，中国是 470.7 亿美元。从数量和融资规模上也能看到目前全球人工智能产业的格局。

从人才这个角度讲，根据清华大学中国科技政策研究中心的推算，中国的人才总量、杰出人才数量与占比，目前还落后于美国，与之还有明显的差距。

从专利数量来讲，中国人工智能的专利数量是大于美国的，但是国际专利相对比较少。百度和微软分别是中美两国专利申请数量排在第一位的企业，专利申请已经有明显的头部效应，中国人工智能国内专利申请数量位居全球第一，并且和其他国家的差距在拉大。我们在2012年超过日本，2017年超过美国，专利数量5年内增长约10倍，大概是美国的2.5倍。但中国的国际专利数量和美国的差距是比较大的。按照专业机构的统计，在PCT（《专利合作条约》）国际专利申请上，美国已超过1万项，位居世界第一，中国排在第三位。

从目前人工智能的几大热门领域来看，美国的投资和产业也要远远领先于中国。可以看到，在处理器、芯片这些基础层领域，美国远胜于中国，美国企业的数量是中国的2.3倍，融资额达到了中国的23倍。中国明显是偏重于应用层，只有计算机视觉、自然语言处理、智能机器人和语音识别这些领域可以跟美国抗衡。也可以这么说，中国人工智能产业链有点头重脚轻，美国的产业布局更加合理。

尽管我们是外行，也知道中国有自己的市场规模优势，有更多的应用场景，很多企业也在探索，但是我们也能感受到，在很多领域，我们与其他国家的差距还是比较大的，特别是在充分发挥市场作用、产业政策、监管等方面，可以优化的空间还非常大。

最近几年，资本市场上涌现出来很多人工智能相关企业，大家也给予了非常高的关注，它们在资本市场的表现远比在实体产业中的表现要好。

随着中美关系的变化，国产替代、卡脖子等一系列问题的出现，我相信我们的人工智能技术，无论是在基础层、技术层、应用层还是在政策支持上，都是不断推进的。我们的欠缺之处不在应用场景，不在市场规模，而在于监管环境、创新环境。环境的改善也不是一两天能完成的，它实际上是一个庞大的系统，也是科技体系，甚至教育体系的竞争。

总体而言，人工智能是现代科技的最尖端领域之一。在未来中美两国的技术竞争中，它的作用不言而喻。我们有充分的优势，也有正在快速成长的人工智能公司，但是我们也要看到与其他国家的差距，特别是在创新环境、人才培养和监管、产业政策方面，可以腾挪和改进的余地还是比较大的。

我非常希望看到，中国在未来 5~10 年里，有更多的人工智能企业成为世界级企业，并且能够带动整个资本市场的科技股、成长股再来一轮飞跃。当然，未来任重道远，要实现这个目标还是非常不容易的。

新能源：
双重隐忧与产业链价值重塑

2023 年，各大车企已经开始打价格战了，好多汽车企业库存极高，最有可能的做法是清仓甩卖。至于新能源汽车的股票表现，好多人说，2023 年应该要消化估值了，实体表现不好，估值要缩水，所以 2023 年新能源汽车的股票不能买。拉长周期，如果我们以 3~5 年的视角，甚至以 5~10 年的视角看，新能源汽车的股票真的不能买吗？

2022 年新能源汽车股票复盘

我们先来看看 2022 年新能源汽车股票为什么会大跌。从销售来讲，新能源汽车的表现还是不错的。据中国汽车工业协会统计，2022 年，中国新能源汽车的产销量分别是 705.8 万辆和688.7万辆，应该说是产销两旺。特别是大家熟悉的新能源汽车龙头企业比亚迪，可以说实现了逆袭，全年汽车销售量已经达到了186.35万辆，超过了特斯拉。

但是同时我们也看到，新能源汽车的股价表现并不好。比亚迪尽管销量增长很快，但2022年的股价却跌了4.16%，比高点的时候已经跌了接近30%，可以说惨不忍睹。

另外一个龙头企业宁德时代，2022年全年股价跌掉了1/3。在美股上市的造车新势力的两大代表，蔚来跌了70%，小鹏跌了80%，实在是太惨烈了。当然，对于这种情况，我们也有一些预计和感受，就觉得估值透支太大了。

我们先分析一下，新能源汽车股价大跌的主要原因是什么。

从短期看，一个原因是补贴退坡。根据财政部、工信部等发布的2022年新能源汽车推广应用财政补贴政策，新能源汽车购置补贴政策于2022年12月31日终止。也就是说，2022年12月31日之后上牌的车辆不再有补贴了。插电式混合动力车每辆4 800元的补贴和纯电动车每辆12 600元的补贴退场。补贴退场当然影响销售，影响市场情绪，而且股市一定会提前反应。

第二个原因就是原材料成本的压力。2022年新能源汽车行业确实面临着巨大的成本压力，特斯拉、比亚迪、小鹏、威马、哪吒汽车、零跑汽车都在涨价。但即便如此，也很难对冲以碳酸锂为代表的原材料成本的上涨。而碳酸锂企业在2022年出现了非常牛的走势，碳酸锂的价格呈M形上涨，每吨价格从年初大概28万元，到次月突破48万元，之后开始下行，8月又快速上行，2022年年底已经达到了60万元。上游涨价，当然上游企业受益，但是中下游企业的毛利就被大大地侵占了。

比如小鹏汽车，2022年前三个季度净亏损67亿元，平均卖一辆车亏68 000元，就算毛利最高（超过30%）的特斯拉，2022年的股价表现也不好。可以这样说，脆弱的供应链加上补贴退坡，让市场预期开始扭转，大家开始恐慌，就出现了新能源汽车股价的下跌。

我们先来看看短期内这两个因素会不会发生变化。

从原材料角度来看，2023年锂价快速回归，为降价打开了空间。2022年年底，碳酸锂的价格一度达到了60万元一吨，但是2023年以后，碳酸锂价格开始回落，截至2月初大概是44万元一吨，比高点已经下跌了约25%。业内预计，碳酸锂的价格在2023年会回到35万~40万元一吨的区间。锂价可能重新进入一个新的周期，对车企来讲是个好消息，但是多数汽车企业为了抢份额，既要承受补贴退坡的压力，又要开始准备降价。

2022年10月下旬以来，特斯拉、零跑等多个品牌开始降价，或者推出购车补贴，其实也是变相降价。吉利、小鹏也加入了保价抢量的行列。2022年11月宣布涨价的比亚迪，其经销商也将价格明升暗降，也就是说，2023年汽车企业开始打价格战，扩大销量，挤占对手的市场份额。

那么，2023年还会不会有新的汽车支持政策？目前还没有看到。

2023年汽车销量会不会恢复呢？2023年年初，由于补贴退坡以及头部车企价格调整幅度比较大，所以有一部分消费者开始观望。另外，2022年汽车的消费也有一定的前置和透支，毕竟有购置税减半的政策。从一些机构2023年2月的调研数据来看，新能源汽车的市场有所回暖。销售有没有可能继续保持这样一种状态？我们还要观察之后的数据。因为消费恢复以后，新能源汽车市场可能会有一定程度的回暖，但是考虑到2022年的政策红利已经释放，也没有更大的新的政策支持，我觉得2023年新能源汽车的销售压力可能还是比较大的。

新能源汽车投资机会展望

从长期来看，新能源汽车的时代来了，或者说汽车的电力化、智能化、共享化时代来了。中国提出了双碳目标，我们要实现这一目标，应对气候变化。我们也看到了欧洲的激进政策，已经对停售燃油车列出了时间表，要在2035年停止销售新的燃油车，包括混合动力汽车。所以，新能源汽车的使用是大势所趋。

我们再来看看汽车的销售情况。2022年，全球新能源汽车销量的主要贡献来自中国，前两大企业就是特斯拉和比亚迪。特斯拉和比亚迪领跑全球，其销量占了总销量的42%。特斯拉纯电汽车的销量是全球第一。比亚迪有混合动力汽车，有纯电汽车，车型矩阵非常完善，是全球第一大新能源汽车企业，中国也成为当之无愧的全球第一大新能源汽车大国。

据研究机构EVTank统计，2022年，全球新能源汽车销量是1 082.4万辆，同比增长了61.6%。中国的新能源汽车销量是688.4万辆，占全球的比重是63.6%，而2021年的这个数据是52.2%（见图3-3）。

同时，2022年也是中国新能源汽车产业链出海的元年——中国电池厂商开始出海，在海外兴建了很多项目。有些机构统计，2022年中国电池厂商在全球一共规划了20多个工厂，涉及很多上市公司，比如大家熟悉的宁德时代，还有国轩高科，等等。欧洲市场的竞争比较激烈，奔驰、大众、宝马、雷诺等

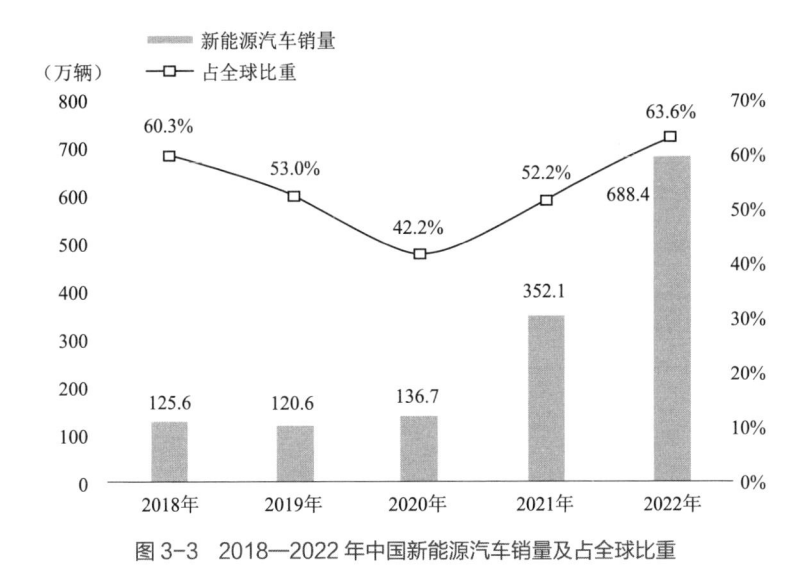

图 3-3　2018—2022 年中国新能源汽车销量及占全球比重

资料来源：EVTank《中国新能源汽车行业发展白皮书（2023 年）》。

企业都在抢夺欧洲市场，北美和东南亚成为新能源汽车产业链投资新的目的地，宝马加快了对中国区域的投资。应该说，车企都在布局新的投资。

中国的车企，特别是中国电池企业在海外投资的趋势是非常明显的。可以这样说，中国在整个新能源汽车领域已经实现了弯道超车，站在了第一梯队。我们和特斯拉相比，其实毫不逊色。借助汽车或者说出行的电力化、智能化，中国规避了原来燃油车时代的劣势，开启了一个新的赛道。

日本的新能源汽车其实发力也很早，但没有我们这么庞大的市场。德国车企其实也意识到了新能源的趋势，但是它们犹犹豫豫，没有下决心成建制、成体系地进入新能源汽车领域，给了中国本土车企一个非常重要的时间窗口。

新能源汽车的渗透率还会稳步地提高，整个汽车产业链的各个赛道未来空间仍然比较大，但是股票市场所反映出来的恰恰是最近补贴退坡、渗透率过快提高，以及对所谓销量增长趋缓的担忧。这是一种短期反应。

长期来看，我认为最近这一两年可能是我们长期布局、长期投资中国新能源汽车比较好的机会。估值缩水是消化过去两年新能源汽车股价涨幅过大的必然要求，如果以 3~5 年，甚至 5~10 年的维度看，新能源汽车产业链，无论是电池、电池组件企业，还是汽车零部件企业，或是整车企业，都是值得关注的优质企业。

希望大家在这一次消化估值的过程中，有机会享受到整个新能源汽车行业快速发展的红利。

第四章
股票投资：如何选出好股票

解开 A 股滞涨之谜：
股价与基本面

A 股为什么长期滞涨？

好多人知道一个段子：这 10 年什么都变了，只有上证指数没变。当然，这是玩笑话，但其中确实有很多需要解释的原因和逻辑。

从表面看，上证指数多年滞涨，指数没有变化。2007 年 10 月 16 日上证指数为 6 124.04 点，现在十五六年过去了，中国的 GDP 已经从 2007 年的 27 万亿元左右，提高到了 2022 年的 121 万亿元左右，涨了 3 倍多，上证指数还是徘徊在 3 000 多点，我们几次进行所谓的"拯救 3 000 点""3 000 点保卫战"。不是说股市是经济的晴雨表吗，为什么 A 股市场总是反映不出来？这要看它背后的逻辑。

情况确实没那么简单。虽然名义 GDP 的增速和上市公司盈利的年化复合增长率关系比较密切，但是在过去这十几年里，我国股市估值的整体水平是在下降的。如果按照滚动市盈率计算，整体估值水平已经从 2000 年的 60 倍左右，下降到了 2022 年年底的 12~13 倍。

很多人说，现在估值特别低，A 股其实是很便宜的。这种说法对吗？可能不对。一个基本的结论是，上证指数的滞涨，就是多年徘徊在 3 000 点左右，主要是被估值拖累的。估值的下降，抵消了盈利增长带来的指数上升。

为什么估值在下降？估值不是绝对的，但它是一个重要的参照基准。

我们简单比较一下中国股市和美国股市。中国名义 GDP 的增长速度是快于美国的。在过去 10 年里，中国的 GDP 年均增长 6% 以上，美国增长 4% 以上。但是中国上市公司的利润相对于美国上市公司，不但没有优势，反而有明显的劣势。

以大家最熟悉的 MSCI 中国指数为例，过去 5 年整体盈利的复合增速是 11.2%。美国的情况以标普 500 指数作为参照，过去 5 年的盈利复合增速是 16%，这是高于中国的。从这个角度来讲，中国上市公司的质量，相对于美国上市公司，其实是偏低的，至少没有优势。这也是证监会一直在强调要提高上市公司质量的一个很重要的原因。

我们再来看看 ROE 的情况，中国不仅绝对水平低于美国，而且差距还在拉大。中国非金融企业的整体资产负债率是高于美国的。与资产周转率偏低相比，净利润率的差距才是导致中美两国上市公司中非金融企业存在差距的最大因素。

美国上市公司的 ROE 水平在 10% 以上，中国上市公司的 ROE 水平只有 5%~6%，这意味着什么？从这个数据来看，中国 A 股市场的平均回报率明显偏低。我们的经济增长更快，为什么我们上市公司的盈利水平却远远不如美国的上市公司？

这与上市公司的结构有关系，因为行业差异太大了。中国上市公司以传统经济、传统行业为主，从整个市场的权重、净利润看，传统行业、传统经济的占比达 80%，在传统经济中，金融行业的占比又超过一半。

而美国股市中，信息板块的净利润占比超过 20%，但是从行业上来讲，信息经济在美国经济中的比重只有 5.5%。这些数据可能没有那么精确，但大概能反映这种分化。也就是说，信息行业在美国实体经济部门中的贡献没那么高，但是在美国股市中的占比是非常高的。

上市公司的结构不同，导致盈利能力不同，最后导致 A 股市场整体估值水平一直下移，而这种下移又把一部分盈利好的公司带给指数的推动力抵消掉了。所以这十几年，估值水平从60倍下降到12~13倍，指数当然不可能涨。

当然，指数不涨还有其他很重要的原因，涉及我们的监管制度、交易制度，也涉及退市制度。要知道，美国的退市率是很高的，中国的退市率则很低。尽管这几年退市在大大地强化，但是像美国股市那样做到进出相对平衡，恐怕也不是一天两天就能实现的。所以从这个角度讲，我们可能会长期地看到，上证指数一直处在3 000多点的水平。

这背后的原因，就是新旧经济在盈利上的主导性。这个替换周期可能会比较长。由于近些年新经济类公司大量上市，这些公司的估值相对比较高，传统经济的占比其实是在下降的，但是由于新经济板块的估值波动太大，没有系统性地提升整个A股上市公司的估值水平。因此，不光是上证指数，很多细分指数，比如科创50指数，自开盘以来也没怎么动，中间的波动却非常大。

另外，造成估值下移、指数滞涨的原因，还有前端的定价、投机性、做空力量比较弱等诸多交易层面的因素。

尽管指数表现为滞涨，但是结构性变化一直在发生。所以我们看到，2007年以前，指数出现过几次大的动荡，2012年以后，结构性行情明显增多。除了2015年那次大涨是资金杠杆推上去的，其他大部分时间出现的都是结构性行情。

由于指数的变动，这种结构分化一直在慢慢地演进。所以，未来A股市场确实有可能更多地出现所谓的结构性牛市和结构性熊市并存的状态。

由于2015年股灾的教训，以及我们现在看到的，整个宏观政策在流动性管理上比较稳健甚至保守的倾向，再用所谓的大放水、流动性、杠杆去解释已经比较困难了。由于稳增长的一系列措施，宏观层面的流动性相对来讲是比较充裕的。我们一方面看到M2、社会融资的高增长，另一方面看到居民部门的超额储蓄。但是由于最近几年国有企业突飞猛进，大量的资金进入国有企业，宽裕的流动性事实上既没有进入股市，也没有进入楼市。因此我有一个基本结论：我们不能再像以前那样，觉得流动性一开放、一放水，股市、楼市就能涨，这个逻辑可能不存在了。

我们可能不能再用流动性的逻辑去解释今天的股市和楼市，这是2020年以后，经济、人们的预期发生变化以后，投资市场的一个非常重要的特点。但无论如何，决定股票市场走势的因素很多，我们不可能从经济的好坏直接推导出股市的好坏，但是股市的波动，确实受到盈利、无风险收益率、市场偏好、流动性、信心、经济增速等诸多因素的影响。

我们能看到，名义 GDP 的增长确实和上市公司的收入、盈利以及 10 年期国债收益率的相关性更强，我们每个人都试图去寻找、把握股市的规律，寻找所谓的拐点，这其实是很困难的。

用巴菲特指标看股市和宏观经济的关系

给大家介绍一个巴菲特指标，这个指标解释过很多问题，但是不一定能够解释未来的股市。巴菲特怎么看股市的转折点呢？他认为股票市场的市值应该与 GNP（国民生产总值）的增长保持大概一致。他分析了美国股市 80 多年的变化，发现当所有的上市公司总市值占 GNP 的比例达到 70%~80% 的时候，买入股票可能会让投资者有不错的回报。他认为这个时候，其实相对来讲，股市已经被低估了，但是如果股票市值超过 GNP 的 100%，就意味着出现风险了。

当然，巴菲特指标比较粗略，只是大致反映了股市和经济之间的关系。但巴菲特也指出，股市和经济之间其实是脱节的。比如，在 2000 年互联网泡沫破裂的时候，巴菲特指标是 171%，换言之，是市场估值被高估了 71%。根据巴菲特 2001 年的说法，这个指标的合理范围为 75%~90%，超过 120%，市场就过热了。如果将巴菲特指标运用在 A 股市场，可以看到，在 2007 年和 2015 年，这个指标均达到了警戒值，市场风险已经比较大了。

股市和经济的关系，不可能是这样简单的线性关系，就像 2015 年上半年出现股票大牛市的时候，直到当年 6 月，很多人还觉得当时的股市涨到 8 000 点，甚至 1 万点是指日可待的。大家认识到了杠杆资金，认识到了投机，但是依然有人前赴后继，当股灾来临的时候，大部分人很难独善其身，也很难跑出去。这是股市的残酷之处，也是股市的魅力。

A 股市场的滞涨和估值的不断下移，与上市公司的结构、盈利水平，以及证券市场的一系列监管制度、交易制度联系在一起。这种情况会持续很多年，我们可能还要逐渐适应。

当然，我们要关注到很多迹象，很多方面正在出现结构性变化，毕竟 A 股上市公司的组成和 10 年以前有了非常大的不同。同时，证券监管部门也一直在强化上市公司的质量，特别是注册制全面推行以后，上市公司的信息披露、监管会越来越规范，越来越严格。我们希望看到退市制度的深入执行，使退市率大大提高。只有这样，A 股上市公司的质量才有可能提升，结构才有可能加快改进。

相对估值法：
探索具有中国特色的估值体系

许多人买股票、买基金不看估值，我在这一节及下一节想告诉大家，相对估值法、绝对估值法的一些指标到底意味着什么，不同行业适用于什么样的估值方法。

当然，估值只是一个参考，特别是在 A 股市场里，估值是比较乱的。2022 年，证监会提出了"探索建立具有中国特色的估值体系"。很多央企、国企都上市了，估值却不高。估值不高，表现在什么指标上？市盈率不高，市净率很低，到底是为什么？

从指标上看，这些国企、央企的 PEG（市盈率相对盈利增长比率）不高，成长性不够。当然，这只是其中一个原因，还有更重要的原因，就是公司治理的问题，因为国企、央企的公司治理体系和一个常态化的市场主体上市公司的公司治理体系是不一样的，决策程序也不一样。我们结合相对估值法涉及的几个指标，给大家解释一下这个问题。

市盈率

市盈率就是股价和每股收益的比值，它的特点是计算特别简单，能直观地反映对企业盈利能力的预期。但是它受经济周期波动影响比较大，如果利润是负的，就没法使用了。按照一些券商的研究，当前 A 股上市公司中，国企的市盈率接近 10，是长期低于 A 股市场整体市盈率的。银行股的破净率则超过了 50%，相比之下，美国银行股的破净率低于 15%。但同时，A 股市场的小市值公司、高成长性股票相对于美股是存在溢价的。按照万得公司的数据，中国的创业板相对于美国的纳斯达克存在 1.7 倍的估值溢价。

市盈率是我们做估值的一个基准线，也能大致反映企业的盈利能力。如果看不同资产的比价关系，或者说股票与债券的对比，其实有一个很有用的衍生指标，即全市场市盈率和国债收益率之间的差值，叫股债利差模型，这个指标相对来讲用得比较多。

股债利差模型也叫美联储估值模型，因为它是美联储发布的一个估值模型，也得到市场、国际上的认可。简单来说，股债利差就等于市盈率的倒数减去 10 年期国债收益率，所以它实质上是一种风险溢价，反映的是根据市场预期，你实际的收益率和无风险收益率相比，到底是高还是低。如果这个差值高，就说明股票投资的收益会更高，股市比债市更有投资价值。反之亦然。

PEG

市盈率只能作为一个参照，我觉得更重要的一个指标实际上是从市盈率衍生出来的 PEG，这个指标可以大大弥补市盈率对企业成长性估计不足的缺点。PEG 其实反映了市盈率和净利润增长率之间的比值关系，也通常作为市盈率的一个重要辅助指标。它更适合成长型公司，根据行业的情况，如行业的景气度、业绩的稳定性，有一定的折价或者溢价。从这个角度看，我们大概就能理解，为什么在过去这些年，国企、央企在市场上普遍出现了溢价不高甚至估值偏低的问题。

当然，估值的高低不仅仅跟估值方法有关系，跟经济发展周期也有关系。在 2005—2007 年那一轮大牛市中，资源型行业的央企、国企，其实股价表现特别好，估值都特别高，因为当时中国正好处在一个重化工业化阶段，这些公司普遍被给予了高估值，钢铁、煤炭、银行业，那个时候的估值都很高。今天，我们的经济已经从高增长阶段进入了中高速增长阶段，所以具有中国特色的估值体系怎么构建，还真是一个大难题。

市销率

由于有很多公司没有产生盈利，并且可能前期研发投入也比较高，所以这个时候往往用市销率估值，它适用于尚未盈利的公司。

从实践来看，对很多互联网公司估值一般都用市销率，因为它们现在还没有盈利，并且前期摊销的各种成本费用比较高。最近几年在美国上市的互联网公司基本都有这种特点。那么，大家更看重的是什么？公司现在的用户规模、用户黏性、用户增长情况，这些指标都会对未来财务状况造成巨大影响，所以现在盈利与否不是特别重要。很多互联网公司，如中概股的这一类公司，基本上都是用市销率估值，因为确实没法用市盈率、PEG 估值。

市现率

市现率就是市值与自由现金流或经营性现金流的比值。以亚马逊为例，自由现金流就是亚马逊的估值一直涨的原因。2014—2015年是亚马逊由亏损转为盈利的标志性年份。2014年，它的市值是1 500亿美元，是自由现金流的75倍，2015年的市值是自由现金流的20倍。亚马逊一直有非常大的自由现金流，它的估值倍数不断地被拉低，这也是它的股价能够不断上涨，5年增长10倍的一个重要原因。所以，估值方法特别重要。

企业价值倍数

我们再来说一个更为特殊的估值模型，巴菲特认为它危害特别巨大，它就是企业价值倍数。从公式来看，它是企业价值和企业税息折旧及摊销前利润的比值。在中国，国企一般都是重资产行业，比如通信、能源、公用事业类公司，每年摊销的费用特别高，而且负债特别高。如果要估算企业价值，需要把摊销算进去，对国企来说，占用的资源、资金太多，这些摊销其实影响了企业的价值和投资者对它们的信心。用企业价值倍数作为指标确实能够在一定程度上修正税率、资本结构及一些非现金成本的影响，相对更准确地估量企业的价值，但这么大的摊销、利息支出又显著影响到了企业的价值，这就是巴菲特不愿意用这个指标,而且认为这个指标有害的一个很重要的原因。

市净率

常见的估值指标还有市净率,即股价除以每股净资产。央企、银行以及房地产公司等企业,市净率都很低。因为市净率比较适用于拥有大量固定资产,并且账面价值相对比较稳定的行业及周期性行业,这些行业的净资产对企业生产经营的影响特别大。当然,这也要看经济发展阶段,比如2005—2007年这一轮大牛市中,银行、房地产、资源行业的估值都很高,市净率也都非常高,为什么现在低了?因为情况不一样了,经济发展的阶段、主导行业发生了变化。

同样一个行业,在不同的牛熊周期,它的市净率差异也是非常大的。

比如,2013年出现大熊市的时候,所有股票的估值都比较低。那时候券商行情也不好,交易比较惨淡,很难赚到钱,利润就比较低,所以那时候券商的市盈率非常高,达到50,但是市净率却很低,只有不到2。

同样,在2015年出现牛市的时候,券商赚钱了,出现了券商的股价、利润双高的情况，但是它的市盈率并没有多大变化，而市净率却涨到了 4.3 的高位。所以，市净率一般都用在这种所谓的强周期行业。

商品交易总额

还有一个估值指标就是用于互联网公司的 GMV（商品交易总额），适用于电商行业。如果一个电商企业的 GMV 保持快速增长，意味着它未来盈利的可能性大，那么未来它的 GMV 到收入的转化率也会提升。转化率是非常重要的，很多公司可能在前期不赚钱，都是净投入，但由于 GMV 的快速增长，市场对它未来实现盈利充满信心，所以给它的估值也就比较高。

而互联网平台型公司更多地用月活用户数量（MAU）作为指标。无论是电商公司还是互联网平台型公司，从流量到转化率的这个拐点特别重要，从现实来讲，我们看到这个拐点已经来了。

在这一节中，我们介绍了股票市场上针对不同类型上市公司的一些估值指标。我们在分析具体公司、具体行业的时候不能刻舟求剑，这些所谓的估值指标，可以作为参照，但不能作为唯一的标准。

绝对估值法：
巴菲特为什么减持比亚迪股票

巴菲特多次减持比亚迪股票在国内引起热议，也让很多人不理解。他为什么要把一家成长性非常好的公司的股票卖掉呢？有很多人认为是由于中美关系，我觉得可以从绝对估值法这个角度来理解。绝对估值法主要分为两大类，一是DDM（股利贴现模型），二是DCF（自由现金流贴现模型）。

股利贴现模型

我们需要先明白一个重要的概念——贴现。贴现，也叫作折现，是把未来的钱换算成现在的钱，看它现在值多少钱。你可以这么想，现在的钱比未来的钱价值高，现在的钱比未来的钱有把握，因为未来充满了不确定性。假定利率是正的，那么在市场中，你要在未来获得收益，一定要考虑风险，将来的100元的不确定性一定比现在的100元要大，这和通胀的逻辑是不同的。

在说通胀时，我们考虑的是未来货币贬值，购买力下降。而贴现这个概念告诉我们，现在的钱比未来的钱更确定、更贵。为什么这么说？因为你可以把现在手里的钱买成股票，买成基金，买成债券，或者借出去以获得利息。假设你花100元买了一个理财产品，第二年你拿到了104元，那么收益率就是4%，这个收益是时间的价格或者时间的机会成本。也可以说，现在的100元和明年的104元其实是等价的。我们怎么计算将来的100元在现在值多少钱？这个计算过程就是贴现。

如果一个一年期的债券明年到期，你会得到100元，收益是4%，那么你现在该花多少钱买？可以用数学方法计算出来：100÷（1+4%）=96.15（元）。

当然，这里我们需要考虑无风险收益率、风险补偿、通货膨胀等等。比如无风险利率大概是3%，通货膨胀率大概是5%；而风险补偿会给你，根据你投资资产的不同进行调整，风险越高，你获得的风险补偿越高。也就是说，风险越高，收益越大；或者说，收益越大，风险越高。

DDM是股利贴现模型，也就是说，把某个企业未来要发放的股利，即分红作为现金流，然后以一定的贴现率来折现，进而估算这个公司的价值。这里的贴现率，就是预期收益率。如果股息率越高，预期收益越低，那么当前的估值就越高。这个模型适用于哪一类上市公司呢？

首先，要有分红。其次，要有清晰的股利分配政策，在年报中说清楚，满足什么条件就分配什么、分配多少。再次，没有大股东操纵的情况。国内的上市公司有不少都是所谓的一股独大，好多上市公司是不分红的，或分红不持续。

如果按照这三个标准去看，你会发现 A 股上市公司符合 DDM 模型的其实不多，主要是一些比较成熟的行业或者公司，涉及银行、公用事业类公司。

我曾经关注过其中几个公司，发现这些公司很有意思。它们的股价波动不大，涨幅不大，但是一直在涨。有时候市场环境不好，它们的股价也会下跌，但相对市场来讲，波动是比较小的。而且拉长时间看，以 10 年、15 年为周期，你会发现它上涨的幅度远远跑赢了大盘。

从股息率这个角度来看，最近这几年 A 股上市公司的股息率其实总体上是提高的。我们简单统计了一下，2020—2021 年股息率的中位数大概是 1.16%。要知道，2015—2019 年股息率的中位数只有 1.06%。在 2019—2021 年，有 200 多家公司的股息率超过了 3%。

自由现金流贴现模型

我们再来说说自由现金流贴现模型。什么叫自由现金流？就是在不危及公司生存发展的前提下，可供分配给股东、债权人的最大金额，它主要用来衡量企业实际持有的能够回报给股东的现金。

这个指标是巴菲特特别看重的，他甚至认为，他不需要分红，只要公司的自由现金流特别好，这个公司就是有价值的。经过我们的分析，巴菲特卖掉比亚迪的股票与自由现金流有非常大的关系。

简单比较一下。2008 年次贷危机发生的时候，比亚迪是破净的，那个时候，比亚迪的市净率只有 0.44，也就是说，1 元净资产只要 0.44 元就能买下。现在复盘回去看，可能很多人都会买，但那时绝大部分人都认为这个公司可能一钱不值了。在 2008 年 9 月，比亚迪的市净率升到了 1.5，应该说巴菲特买入并且长期持有比亚迪的股票是基于他对行业的判断、对这个公司的判断。

巴菲特讲过，比亚迪的股票不是他自己想买的，是芒格劝他买的，芒格曾经说，要是错过了比亚迪，可能就像又错过了一次苹果。我们无从得知为什么巴菲特在2022年下半年之后开始逐渐地抛售比亚迪股票，但我们发现，近几年比亚迪的自由现金流其实增长不明显，经营性现金流净值却大幅提升，这种情况大概是从2020年开始发生的。

一个上市公司的经营性现金流和自由现金流出现巨大的裂口，就说明用于经营的成本增加了，但是自由现金流，即分配给股东、债权人的现金变动不大。这会不会是巴菲特开始抛售比亚迪股票的原因？我们也只是这样猜测。

同时我们也能看到，境外资金相对来说比较偏爱白马股。什么是白马股？就是盈利比较稳定，现金流比较充裕，自由现金流比较好的公司股票，比如白酒、家电、银行类。这些公司的财务报表表明，它的现金流是可持续的、稳定的，而且是真实的。可以这么说，这些都是所谓的"现金奶牛"。

DDM也好，DCF也好，都是绝对估值法，和相对估值法有差异。但估值方法一定不是绝对的，也不是唯一的，而且绝对估值法和相对估值法是相互补充的。估值方法只能作为参照，真正衡量一个公司的价值，可能需要考虑很多因素，甚至可以说，模糊的正确也比精确的错误要好。

我相信有过买卖股票、基金经历的投资者大概都知道，很多人其实是不看估值的，特别是在 A 股市场，尤其是对于一些成长性行业、科技公司，估值、定价都是一个大难题。所以，我们把相对估值法和绝对估值法的基本脉络介绍给大家，供大家参考。

我相信，每个人心目中都有一个对你所买标的进行估值的逻辑。记住，估值不是唯一指标，但它是不可或缺的。

硬核企业：
如何评估核心竞争力与护城河

发现一个企业的核心竞争力和护城河，是一件说起来容易做起来特别难的事。这些年我们听到很多企业说要努力成为硬核企业，也就是拥有自己的核心竞争力和护城河。那么我们如何去发现这种硬核企业？

护城河理论

企业的护城河理论，最早是由投资大师巴菲特提出的。早在1993年，他在致股东的信中就提出了这个概念，他在信里举了几个例子。他说最近几年，可乐和吉利剃须刀在全球的市场份额还在增加，它们的品牌威力、产品特性以及销售实力赋予它们一种巨大的竞争优势，在它们的经济堡垒周围形成了一条护城河。

这封信之后，巴菲特不断强化护城河概念，他希望客户企业的护城河每年都能不断加宽，这并不是说企业的利润一定要一年比一年多，因为有时候做不到，然而如果企业的护城河每年不断地加宽，这家企业就会经营得很好。

护城河理论也被后续的很多研究完善提升。晨星公司证券分析部主管帕特·多尔西在他的著作《巴菲特的护城河》里将企业护城河总结为四个方面：第一个是无形资产，第二个是转换成本，第三个是网络效应，第四个是成本优势。

无形资产

无形资产是不具备实物形态但可以为企业带来效益的资产，具体数字可以在上市公司年报中查到，一般我们看到的都是专利、商标、土地使用权等，它们可以凸显这家公司的品牌价值。

但是我们也得注意，只有让消费者愿意长期给出品牌溢价，这个品牌才有护城河。比如小米公司，它很受年轻人欢迎，但是似乎很难获得它应有的品牌溢价。我们分析认为，小米之前主打的就是性价比，这也导致了消费者对它形成一种比较刻板的印象：我为什么要花更多的钱去买小米手机？而像奔驰这样的品牌汽车，尽管要贵一点，人们在明知成本没那么高的情况下，依然愿意为它付出溢价，这就是品牌的护城河。

转换成本

转换成本无处不在。比如，看看你钱包里的银行卡，当你懒得把存款从中国银行转到中国工商银行的时候，中国银行就享受了转换成本的护城河效应。又比如，你习惯了一家公司的财务软件，那你肯定不愿意冒着数据丢失的风险或者花大把时间学习一个新的操作程序去更换财务软件，尽管另外一家公司的软件会便宜一点，转换成本就是前一家软件公司的护城河。

这也导致一些转换成本低的企业面临激烈的竞争，比如共享单车企业。我们从小黄车转到摩拜，再从摩拜转到小蓝车，其实并不麻烦，哪种单车在附近，我们就会选择哪种。所以共享单车企业遇到了很多这样那样的问题，转换成本比较低是其中一个非常重要的原因。

网络效应

网络效应和用户有关，用户越多，护城河就越宽。网络效应往往发生在IT行业，因为用户扩张得快。它的一个重要特点就是价值增幅大于节点增幅，即每增加一个节点或者一个用户，网络的整体价值增长会更快，增长曲线为指数型图像。

比如，某家快递公司新开一个分店，这个分店可以连接全球各地，所以每多开一个分店，总体收入就增加一分，直到碰到天花板。那么这些遍布各地的店和越来越多的业务就形成了快递公司的护城河。

再给大家举一个案例。ChatGPT刚发布两个月，其月活用户数就达到了1亿，成为历史上用户数量增长最快的消费者应用。据说，ChatGPT背后的公司OpenAI的估值已经翻番了。外媒的一些报道说，OpenAI正在寻找新一轮的融资，要以邀约收购的方式出售至少价值3亿美元的股票。这样的话，对应整个公司的价值就有290亿美元，折合人民币将近2 000亿元。如果交易达成，OpenAI就会成为账面最有价值的美国初创公司之一。

成本优势

成本优势这条护城河大家最熟悉。前三条护城河主要针对企业定价权，而对企业自身来讲，低成本当然是一条又宽又深的护城河。其实，成本优势有三种。

第一种是流程优势。企业利用流程创新造就成本优势，新进入的企业没法复制,所以有流程优势的企业就有相对于其他企业的绝对优势。比如,戴尔通过直销订单生产实现了存货的最小化,相对于其他竞争对手,它就有成本优势。但是我们也看到,随着惠普、联想这些企业加入市场,戴尔原来的流程优势就没有那么大了。

第二种优势是地理位置。这个优势比较持久,其他企业确实也很难复制,运输距离、生产半径比较短,天然就节省成本。

第三种优势是资源优势。比如说,在石油天然气行业,拥有资源优势的国家、地区、公司,当然相对于其他竞争对手有优势。

这四条护城河共同带来了企业的核心竞争力,有了核心竞争力,当然就有定价权、议价权,就有谈判优势,就足以应对市场的各种变化。成本上升的时候,有品牌溢价去对冲成本上升,竞争者也会因为转移成本过高,很难或者不敢进入这个市场。

护城河理论的三大误区

之所以梳理企业护城河的特点,是希望大家能据此找到自己心仪的企业。我们在看护城河理论的时候,一般来说要注意以下几点。

第一，优质的产品不等于护城河，难以替代性才是。比如大家都熟悉的手机公司诺基亚很优秀，它的产品也非常好，但后来被苹果这样的智能机取代了，诺基亚一度是资本市场和企业研究界都很关注的一个案例。还有一个案例就是柯达，它的产品不是不好，而是被新的产品完全替代了。而像茅台，它是一个公司，也代表了一个地域、一种文化。它之所以拥有强大的护城河，是因为它真的很难替代，茅台酒只能在那个地方酿出来。其他地方也有好酒，但是不可能酿出茅台。所以，优质的产品确实不等于护城河，不能被替代才是。

第二，企业的绝对规模大不等于护城河，相对规模大才是。很多绝对规模很大的企业，其实没有建立自己的护城河。如前文提到的柯达，它不愿意做出改变，也很难改变，最终以被替代收场。相反，一个企业哪怕绝对规模不是很大，但是相对规模大、进入门槛高，它也拥有护城河，很多特定细分领域的龙头企业就是这一类。所以，可以这样说：抓大池塘里的大鱼，不如抓小池塘里的大鱼来得稳妥。我觉得这是投资策略，也是投资哲学。

第三，卓越的管理层不等于护城河，企业的高效管理流程才是。有很多明星级的 CEO 的确对企业的影响特别大，但是我们也知道，在现代商业环境里，管理层的变动其实是家常便饭。相比之下，企业的管理流程一旦确定，就不会经常变动。所以，高效的制度其实比明星 CEO 更重要，尽管这样的制度通常都是由这些卓越的 CEO 制定的。

实际投资中，我们很难找到完全满足护城河理论的所有条件，也就是十全十美的企业，即便有这样的企业，也早就被市场发现，并且给出很高的估值了。但我们依然要用这套逻辑去看待企业，找到企业的护城河，找到拥有又宽又深的护城河的公司。

用护城河理论看行业

我们用护城河理论来分析一下 A 股市场的行业情况。

无形资产

前文讲到，专利、商标、特许经营权等是能够带来品牌溢价的。

根据国家知识产权局的统计，2021 年所有的 A 股行业中，制造业的专利数量是最多的，而且大部分是先进制造业贡献的，而先进制造业又主要包括计算机通信和其他电子设备。

特许经营权是由政府或其他机构授权经营某种特许业务的

权利,它主要集中在金融、油气、军工这些领域。例如,拥有券商、保险牌照的金融公司,以及马上会颁发5G牌照的通信公司,都拥有特许经营权。

商标主要集中在消费品领域,如白酒、乳品、家电这些行业。这些行业有很高的品牌溢价,也有很多知名品牌,比如茅台、五粮液、伊利、美的、格力等等。

我要特别提醒大家,无形资产中有一个问题非常重要,就是商誉。在过去并购重组的过程中,很多公司都产生了很高的商誉,但它们也会面临商誉减值的问题。如果说一个公司能够不断地并购,商誉减值就不会构成风险,业绩也能保持增长。但是,监管政策并不允许这样的泡沫累积,所以在过去的几次金融监管周期里都出现了并购重组退潮的情况。成长类行业失去并购带来的增长动力以后,业绩增速开始回落,然后估值下杀,之前积累的商誉风险就暴露出来。比如,2018年传媒行业发生了大规模并购,商誉到达高点,为1 094.6亿元,整体风险偏高。2019年,整个传媒行业总商誉最高超过了1 600亿元,占到A股市场整体商誉价值的11%。2022年第三季度,传媒行业商誉为730.84亿元,资产占比从2018年的11.9%降至6.8%,占营收比重为20.09%,相较于2019年同期下降15.65%。高商誉逐步释放,整体趋于稳定,行业风险降低。当然，商誉的大规模减值也是传媒行业估值不断创下新低的重要原因。

转换成本

转换成本主要发生在金融服务、软件服务行业，尤其是企业办公所需的办公软件、财务软件、服务软件。在餐饮、服装这些行业中，转换成本的表现相对弱一些，因为除了忠诚客户，人们很容易改变购买习惯，而且换一个品牌似乎不需要付出太多转换成本，也没什么心理负担。

网络效应

A股市场的互联网公司总体较少，这与我们的发行制度、监管制度有关系。许多互联网公司都选择到境外上市，要么到美国，要么到香港，比如说2018年下半年去港交所上市的美团、腾讯音乐，以及很早之前就出去上市的新浪、网易等等。随着注册制的全面实施，到境外上市的互联网巨头就会慢慢地回来了。

2023年2月1日，上交所发布了《关于就全面实行股票发行注册制配套业务规则公开征求意见的通知》，在关于股票发行上市审核规则的征求意见稿里，明确了已经在境外上市和没有在境外上市的红筹企业，以及存在表决权差异安排的企业的上市标准。红筹企业就是注册地在境外，但是主要经营活动又在境内的企业，也就是我们通常说的VIE（可变利益实体）结构的企业。应该说，注册制为在境外上市的科技股、互联网中概股回归A股奠定了基础。我相信，网络效应会更多地发生在互联网巨头身上。

成本优势

前文讲过，成本优势包括流程优势、地理位置优势、资源优势，还有一个很重要的因素就是规模效应。很多龙头股之所以能够越做越强，关键就在于它们规模大了之后成本大大下降，企业议价能力提升，从而拥有了行业的主导权。这个现象在很多企业、很多行业中都存在。比如最近这些年，钢铁、煤炭这些传统行业通过并购重组形成了一批龙头企业，这些企业的盈利能力大幅提升，就有了规模效应。服装、医药、家居建材这些行业也存在这样的现象。

用护城河理论看公司

在总结了哪些行业有较大可能性出现护城河之后，我们继续把视角往公司这一级下沉，发掘出公司的护城河上有哪些指标是我们需要关注的。

首先就是盈利指标。护城河的价值在于提高竞争力，当然最终还是要增加企业的价值，所以我们需要看，在相同的投入下，哪家企业创造的价值更多。毛利率是我们最先看的指标。除了毛利率，还有两个重要的指标，就是 ROE、ROIC。ROE 衡量了股权资本的回报率，而 ROIC 是指企业投入资本的回报率。除了股权，还有债权。债权比较高的行业，比如房地产，其 ROE 和 ROIC 相对于股权比重比较高的行业，表现就要弱势一些。所以我们往往看到，债权比重比较大的公司，其 ROE 水平，甚至整体估值水平是相对比较低的。

除了盈利指标，我们还要看议价能力。应该说，拥有定价权或者议价能力是公司的核心竞争力之一。议价能力强，可以占用产业链上中下游更多的资源，这一点可以从企业的预收账款看出来。比如，有特许经营权的企业，议价时肯定更有主导性。前文提到的消费类公司茅台就有巨大的预收账款能力，这是一般企业做不到的。

还有一个重要的指标，就是利润现金保障倍数，这也是衡量现金流的重要指标。它的计算方法其实很简单，就是用经营现金流量净额除以净利润。这个指标的值越高，企业利润变现的能力就越强，现金流的保障性就越好，议价能力就越强。

我们可以通过护城河的逻辑框架去选择我们心仪的上市公司，但没有一个所谓的标准答案，在具体实践中，我们需要根据每条护城河做出相应的行业选择、公司选择。最后，我觉得在分析公司的时候，要从盈利能力、议价能力和现金流三个维度来看具体的公司。希望大家能够挖掘到拥有宽而深的护城河的公司。

第五章
进阶投资：基金、房产与黄金

基民必修：
提升认知，不当"韭菜"

很多人都很想知道：基民能赚钱吗？基金到底能不能跑赢市场？基金经理到底能不能跑赢市场？买过基金的人可能都有一肚子苦水，也都有很多感受。我们先来看看2022年基金市场的整体情况。

2022年整个基金市场的赚钱效应实际上是大幅减弱的，多数基金的表现只能用"惨烈"一词来形容。股票型基金整体表现不理想，分化很明显。2022年，沪深300指数跌了21.63%，股票型基金平均亏了20.52%。也就是说，2022年买基金亏损20%左右是正常状态。混合型基金稍微好一点，平均亏了大概13.98%。其实，基金表现同样很惨的一年还有2018年。2018年，固定收益类基金总体还算稳健，但是由于发生赎回潮，债灾出现了。2022年对于固定收益类产品是非常难过的一年，2023年估计还会有类似的市场冲击。

固定收益类产品已经不是稳赚不赔了，这个大的债灾可以说让投资者无所适从，也让机构无所适从。我们还在观察下一步市场的走势，监管部门也已经注意到，并采取了措施，因为债灾对市场的影响一点都不比股灾小。

2022年，QDII（合格境内机构投资者）基金是大宗商品的天下，比如广发、道琼斯石油、华宝油气、诺安油气，这些产品年内收益都超过50%。当然，在周期下行的时候，这些周期品、大宗商品的跌幅也是很大的。还有一部分投资美国、中国香港、越南市场的权益产品的表现在2022年都比较惨，亏25%基本上是常态。

总结2022年各种类型的基金，只有债券型基金、另类投资和货币市场型基金有正收益，其他基金的表现都不好。市场上有一个历史问题：基金或者基金经理到底能不能跑赢大盘？中国市场的情况是什么？有人说叫"基民亏钱，基金赚钱"，这是常态。

美国是一个成熟市场，我们来看一看伯格和巴菲特的研究体会。约翰·伯格是创立先锋基金的知名投资人，他开发了第一只指数基金，而且用低价策略为很多家庭做资产管理服务。巴菲特很佩服他，在2017年致股东的信里就称赞过伯格。

伯格早年在投资市场是不被认可的,他发现不能迷信基金经理,基金经理大部分没有创造超额收益的能力,而且他们收取高额管理费。他的一个策略就是,与其去买那些明星基金经理管理的基金,还不如买物美价廉的指数基金。

这个观点和巴菲特的观点其实有点类似,巴菲特有句名言,我相信很多人都听说过:"如果要在靠投飞镖选股票但不收管理费的猴子和华尔街人士里选一个,我会一直选猴子。"

我们来看一看伯格的发现和巴菲特的世纪赌约。2007年12月19日,巴菲特在网站上发布"十年赌约",以50万美元为赌注。他主张,在2008年1月1日至2017年12月31日的十年间,在刨除手续费、成本和其他费用的情况下,单就业绩而言,标普500指数基金的表现将超过对冲基金。巴菲特提出赌约之后,只有一家基金公司的一名叫希德斯的创始人站出来回应挑战。他选了5只基金,期望能够超过标普500指数基金的业绩,结果现在大家已经看到了。十年间,标普500指数基金产生了高达125.8%的收益,而参加赌约的5只基金中表现最好的一只的累计收益只有87.7%,甚至还有一只基金在2017年被清算。也就是说,"与其买基金,还不如买指数"。但是,这是在美国,不是在中国。

中国的情况是怎样的呢?简单统计一下,2010—2022年,中国主动型股票基金的投资收益竟然跑赢了大盘,股票型基金的指数上涨了119.4%,同一时期沪深300指数只上涨了8.3%。

基金赚钱了,而且跑赢了大盘,那你买的基金赚钱了吗?我估计很多人马上就会说,我没有赚钱,而且还亏钱了。这就是所谓的"基金在赚钱,基民不赚钱"。是不是中国的基金经理就比美国的基金经理强?可以这样说,中国的基金经理跑赢指数并不稀奇,因为中国股市的结构和美国股市的结构不一样。在中国市场,机构的对手盘是散户;在美国市场,机构的对手盘是机构,专业投资机构互相博弈,要赢是很难的。

我们来分析一下,为什么基民赚不到钱。

第一个原因,从表面上看,基金经理似乎跑赢了市场,但其实重要的是你买什么、什么时候买。在不同的时间段,很多机构都做了这方面的研究。2008年年初到2008年11月初的大熊市,主动型基金跑赢了沪深300指数。2013年年初到2014年年初,整个TMT板块出现大牛市的时候,主动型基金跑赢了沪深300指数。2019年年中到2021年年中的结构性行情中,主动型基金也跑赢了沪深300指数。

这三段时间里,主动型基金都跑赢了指数,但其余时间里,主动型基金相对于沪深300指数的超额收益表现并不好。也就是说,如果你在2009年年初开始买入指数基金,然后持有到 2018 年年底，可能会获得收益，而在这 10 年里，主动型基金相对于沪深 300 指数的超额收益是多少呢？0。

举这个例子是想告诉大家，从长期来看，主动型基金能够战胜指数，这是事实，但是要能获得超额收益取决于很多因素，要更有耐心，选择更优秀的基金经理。当然，择时在中国市场其实是至关重要的，要比在美国市场重要得多。

第二个原因，强者并非恒强。基金经理的业绩其实也有大小年，也会回归均值。很多机构都统计过，随着任职年限的延长，基金经理的业绩相对于沪深 300 指数的年化超额收益是逐渐收敛的。有很多基金经理的年化收益率超过 30%，这是他们在任职两年左右时取得的，如果是任职 10 年左右的基金经理，其年化收益率基本在 10% 以上。

这当然跟基金经理的能力有关系，另一方面也跟整个基金行业，特别是公募基金的固定费率有关。他们更重视规模和相对收益，而不是绝对收益。

第三个原因，就是所谓的冠军魔咒。有很多基金经理，第一年的收益非常高，市场特别认可，到了第二年，表现却非常平淡，甚至很快落在后面。比如，2015 年的时候，投资 TMT 板块、成长板块的基金经理都被捧到天上了，第二年就因为市场大跌而被大家痛骂，这种情况与市场、结构有关系。很多板块有大小年，同时基金经理也有大小年，前一年适合这个基金经理的投资风格，下一年马上就不适合了。

　　所以我们还是要保持平常心，要对市场的特点保持清醒的认识。一定要清楚，投资其实是门槛很高的事，只是开个账户，然后买股票、买基金，这不叫投资，这叫当"韭菜"。所以买基金也是一个技术活，不是买点基金就能涨。大部分基民亏钱，主要的原因是自己以为在高抛低吸，把买基金变成了炒股票，但实际上在高吸低抛。

　　你也可以想一想自己过去这些年的投资方式。如果你赚到了钱，要好好总结一下，是因为运气好，还是你的投资方式用对了。如果你亏了钱，要看看到底哪里做错了。

进取型：
选择股票型基金的四个标准

关于怎么选基金，我想给大家讲四个标准、两条思路。

大家都觉得从这么多基金里去选择投资是很难的，而且我们往往会跟风，去追那些明星基金、明星基金经理，却不明就里。这种选择方式确实不是很好，你了选一只基金，可能表现同样好的还有很多。

基金规模大小也会影响它的投资策略。很简单，管10亿元、管100亿元和管500亿元，方式是不一样的，策略是不一样的，所以我们往往会对爆款基金保持警惕。

当然，市场上也有很多公司通过一些量化的方法对基金进行评级，可以辅助我们筛选。但是光看评级肯定也不行，因为在实际应用中它有明显的局限性，比如很多新的基金是没有入选的。而且评级是基于历史数据，一旦基金管理人有所变动，对基金的影响就很大。另外，关于基金的收益到底受哪些因素影响、怎么评估，市场上也没有所谓的标准答案。

我将从四个方面介绍选择股票型基金的标准，供大家参考。

标准1：选基金公司和基金规模，不要太迷信基金评级

第一个标准就是要看基金公司和规模，不要太迷信评级。要选股东、团队、业绩稳定的公司，基金规模不宜过大，当然也不宜过小。市场上有100多家基金公司，规模、风格差异非常大，也不是大的基金公司或者高评级的公司收益就一定高。

看基金公司要看以下几个方面：第一，看它的股东架构、牌照、历史上有没有爆发过风险；第二，看它的投研团队，基金公司都有自己的投研团队，稳定不稳定，规模怎么样，要看相关报告，要有一定的甄别能力；第三，看历史业绩，历史业绩好说明它以前确实做得不错，当然这也不代表它未来一定好。其实还有一个小窍门：一家基金公司，进入门槛越高、难度越大，说明这家公司越值得关注。

我们再来说说规模。其实对于主动管理型基金来讲，不是规模越大越好，有这样一句行话或者说行规：规模是业绩的敌人。

公募基金有一个规则叫"双十规则"：一只基金持有同一只股票，不能超过基金资产的10%；一个基金公司旗下所有基金，持有同一只股票不得超过这只股票市值的10%。要考虑到股票的流动性问题，如果基金规模很大，就需要分散到更多的股票中去。我们也知道，哪儿有那么多好股票？所以，基金公司真正能跟踪的股票其实是不多的，而且往往会很集中。我们过去看到中国市场出现抱团现象，因为大家的投资决策流程差不多，对于所谓优秀股票、景气行业的认识也差不多。

而且，基金规模很大的话，对于基金管理人来讲挑战就太大了。管理能力是基金公司的核心竞争力，但管理能力的提升不是一天两天就实现的。基金规模大，动仓位的时间就很长，很多股票，管理人可能花一周的时间都卖不完。举个例子，你骑自行车骑得好，未必就能开好汽车。

当然，对于被动管理型基金，一般来说规模越大越好，因为被动管理的基金主要是拟合指数，不是主动操作的，基金经理考虑的是申购、赎回对净值的冲击。规模越大，对净值的冲击就越小。

还有大家经常看到的指数增强型基金，如果基金规模过大，可能会导致某些增强因子反应迟钝甚至失效，所以指数增强型基金也不是规模越大越好。

总体而言，我们在看基金规模的时候一定要看它的投资方式、管理方式，是主动型还是被动型，有没有其他影响因素。当然，基金规模太小肯定是不行的。因为规模太小，又涉及很多费用的分摊，成本就很高，养不活优秀的团队。

标准2：选基金经理，投资经验丰富和历史业绩亮眼的更可靠

第二个标准是看基金经理，要去看他的经验，看他的历史业绩。你可以看他的从业背景、教育背景，当然更重要还是选股能力和投资风格。看历史业绩就是看他的收益率，关键看他找到优质股票的能力和概率，有没有定力，会不会频繁地调仓换股。

每个基金经理的投资风格是不一样的，可以这么说，有的是"少林派"，有的是"武当派"，有的是"昆仑派"。但不管是哪门哪派，最后能给投资者创造收益，就是名门正派，就是水平很高的门派。

当然，选择投资风格，也跟你自己的投资价值观、投资方式有关系。有的人天生就比较稳健，有的人的风险承受能力天生就比较强，所以选择投资风格也要和自己的投资

理念匹配。

标准3：选投资类别，要契合宏观经济和资产轮动周期的大势

第三个标准就是看投资类别，需要关注宏观经济的运行、资产轮动的大势。好的基金经理可以有超越市场的 α 收益，但是要保持稳定的 α 收益、战胜市场，是很难的。不考虑宏观周期，不去选最大的赛道，而是逆势而上，那是不可能的。大赛道要符合整个经济周期和资产轮动的大势，这是有规律可循的，比如前文讲的美林投资时钟。虽说它只是个框架，我们不能刻舟求剑，但是在大的周期里，选择大类资产就要把握好方向。

比如，经济衰退的时候买债券基金，2014年是这样，2018年也是如此。经济萧条、货币政策极度宽松的时候，要去买偏成长风格的小盘股、弹性比较好的股票和基金，比如2015年就是小盘股的大年。

所以，大家一定要看清楚大势，要符合经济周期，符合美林投资时钟，不能在经济萧条、货币政策极度宽松的时候去买大盘股、周期股，这样方向就错了。

标准 4：选投资风格，契合自身的风险偏好和承受能力更重要

第四个标准，就是选投资风格。前文提到，在选基金经理的时候，要契合自己的风险偏好和投资能力。你自己的投资风格到底是价值型、平衡型还是成长型？你是喜欢频繁地操作，还是买完之后可能两三年都不看？你到底有多大的风险承受能力？这话不是简单说说而已，当市场剧烈波动，剧烈上涨或者下跌的时候，你能不能做到稳如泰山？我想大部分人是做不到的，这也是为什么很多人将买基金变成了炒股票，将高抛低吸变成了高吸低抛。

当然，你要看一看自己是进行静态配置还是动态配置，对牛熊市的判断也至关重要。总体而言，对于绝大部分投资者来说，买基金要有一颗平常心，千万不要觉得买基金能让你一夜暴富，或者你会完全规避市场的波动，买基金不是这么简单的事情。

选基金的两条思路

我想给普通投资者提供选基金的两条思路。

对于初级投资者，基金经理是主动型基金的灵魂。评估一个基金经理最重要的因素：业绩要好，要一直好；管理规模适中，经历过牛市和熊市。如果一定要用数字衡量，那经历过 8~10 年的牛熊周期，年化收益率超过 10%，管理资产规模在 100 亿~500 亿元的基金经理是最好的。

对于有一定基础的投资者，可以主动选择优质赛道，但也要视自己的资产和投资风格进行配置。如果说我们能找到一个在赛道之内从业 5 年以上的基金经理，他的历史收益率都超过 10% 甚至 15%，管理资产规模在 50 亿元以上，这是最好的。当然，我们还要去看这个基金经理管理过的所有基金的表现，然后根据收益率、回撤率、夏普率优中选优。

专业投资者的风险承受能力可能要更强一些，在配置了这些基金之后，还可以自己做一些主动型的投资，当然这要视自己的情况而定。我们经常学习投资大师，你会发现，专业投资者比的是价值观、投资方式、耐心以及定力。其实，从巴菲特买入比亚迪的股票到现在陆续卖出，以及他义无反顾地买入西方石油的股票这些案例都能看出来，投资大师教给我们的，不是具体买什么东西，而是投资哲学。我们要向大师学习，不断完善自己的投资体系。

保守型：
低风险基金投资策略

在这一节中，我们来探讨如何进行保守型基金投资，我想这可能对大部分人是适用的。我们经常讲，不要把鸡蛋放在同一个篮子里，但是怎么选篮子，怎么理解所谓的篮子？

其实基金的篮子大概分为三类：第一类是保底型，主要是货币基金，风险不大；第二类是稳健型，比如债券基金、FOF（基金中的基金）、指数基金；第三类是激进型，比如主动管理的股票基金、QDII基金、商品基金等。

这一节，我和大家讲讲保守型投资，涉及保底型和稳健型两类基金投资。

货币基金

大家不一定熟悉货币基金，但是一定都知道余额宝，余额宝其实就是一个对接天弘、华安、博时、中欧四家基金公司的货币基金产品。从市场规模来看，2023 年 1 月底，整个货币基金规模已经达到了 10.45 万亿元，占了整个公募基金规模的 40%，这样大的规模可能和大家平时的想象不太一样。平时大家可能买主动管理的基金比较多，都想博高收益。其实，货币基金的规模是股票型基金的 4.2 倍。

那么，到底什么是货币基金？就是投资于货币市场工具的基金。货币市场工具就是那些存续期最短的证券，它的流动性特别好，跟货币一样，所以这个市场叫货币市场。按照我们国家的货币基金管理办法，货币基金可投的资产包括现金、期限一年以上的银行存款、大额存单、债券回购、中央银行票据，以及一定期限的债券和 ABS（资产支持证券），所以流动性很好，风险也不大。

怎么投资货币基金？关于购买方式，大家可以通过以余额宝、零钱通为代表的货币基金集合购买，当天可以赎回，而且可以直接用于支付。也可以通过其他渠道，直接购买各大基金公司的货币基金。

从以往的表现来看，这些产品的收益都相对比较低，因为风险小，这些货币基金的表现差异不会超过一个百分点。比如2017年，大部分货币基金的收益率是3.5%~4.5%。从这个角度来讲，买货币基金时，选产品、选公司不重要，最重要的其实是选时点。

那么问题来了，什么时点买最合适？我们还是要回到经济周期和资产轮动。货币基金的收益率其实是跟着市场利率跑的，一般而言，经济过热和滞胀的时候是比较好的买入时点。我们举个例子，2013年经济过热，资产价格通胀，都上行，央行对流动性进行控制，甚至出现了钱荒，那时候货币基金的收益率达到了6%，到2014年的时候，收益率甚至达到了6.7%。现在看来，这样的收益率已经不可复制了，主动管理的股票基金每年能有6%的收益都算挺好的。

债券基金

按照国家监管部门的分类标准，债券基金80%以上的规模要投资债券，只有一小部分可以投资于股票，虽然名义上是债券基金，但也是有股票配置的。当然，因为它投资的债券比例大，所以收益相对比较稳定，有可能出现高收益，但一般都是因为有突发事件或者在特殊的年份。

债券基金的特点是起点低、风险比较低、收益比较平稳、流动性比较好。债券基金又分为三类：第一类是标准债券型基金，即纯债基金；第二类是混合债券型一级基金，主要投资一级市场；第三类是混合债券型二级基金，投资于二级市场。投资一级市场就是投资很多产业债券，投资二级市场是直接在债券市场买卖债券。

纯债基金投资债券风险最小，这种基金的名称一般都有"纯债"两个字，比如大家经常看到的某某机构的纯债债券A。

混合债券型一级基金除了投资于债券，还可以参与一级市场的打新股，它的风险收益在这三类中处在中间水平。对于这类基金，我们要看基金的招募说明书，一般都会有相应的描述。比如，大家经常看到某某机构的信用添利债券A。

混合债券型二级基金除了投资纯债和新股之外，还可以直接在二级市场买卖股票，当然它的风险也相对高一些，所以大家在买的时候一定要注意辨认。

我们在投资债券基金的时候，要从三个角度去看：投资时机，风险偏好，投资标的。

强调时机意味着大的方向不要犯错，按照经济运行和周期的轮动，判断整个经济处在什么样的状态，不要逆势而为。应该说，货币政策由紧转松的时候，整个经济由盛转衰的时候，是比较好的时机。经济衰退，货币政策宽松，利率下行时，应该说债券是最好的资产。2018年全球股市大跌的时候，债券的表现是最好的。所以，时点的判断至关重要。

投资当然与自己的风险偏好有关系。你喜欢风险大的还是风险小的，根据这三类债券基金的风险情况选择就可以了。

还要看投资标的。国债最稳定、最安全，当然收益也低，金融债、企业债次之，可转债、股票风险较大。

简单提示一下，可转债就是可以转换成股票、具有一定股票特性的债券，它的风险实际上处在中间状态。关于金融债、信用债，我们要特别关注发债机构的信用状况，最近几年很多金融机构和企业爆雷，它们发的债券相应地也出现了很大的问题。总体而言，风险越大，收益越高，收益越低，风险也相对越小。

FOF

FOF，就是基金中的基金。这种基金主要是投资于其他基金，简单来说就是投资人帮你选基金。最近这几年，FOF比较多，因为很多人真的不知道怎么选基金。FOF 的特点是更专业，可以说有双重保障，风险也相对比较低，收益会更稳定一些，由于规模效应，管理费大大降低，投资成本也不高。

FOF 主要分为三类，有私募 FOF，有券商集合 FOF，也有公募 FOF。这是从发行机构的角度来划分的。

私募系的 FOF 在 2014 年之后有一定发展，但是规模、业绩表现不太好，整体收益分化也比较明显，年化收益率最高的达到了 50%，但跌幅超过 20% 的特别多。

券商集合 FOF 出现最早，但是最近几年表现也不好，发行数量很少，主要原因还是它的业绩没法和其他资产相比，或者说比较起来没有什么优势。

公募 FOF 是 2017 年 9 月开闸的，之后一波三折，第一批发行了 6 只。2017 年 9 月这个时点其实不太好，之后 2018 年又出现大熊市，所以 2018 年公布的 FOF 收益都是负的，有的甚至亏损超过 20%。2019 年以后整个市场回暖了，公募 FOF 也回暖了，但市场表现并不令人十分满意，年内 FOF 的平均收益只有 12.84%，是落后于股票型、指数型、混合型基金的。所以公募 FOF 现在给大家的印象就是，牛市跑不赢，熊市也赔钱。进入 2021 年以后，整个市场波动进一步加剧，投资者也开始选择相对比较稳妥的品种，然后公募FOF才又重新受到大家的重视。截至2023年1月，整个公募FOF的规模是1 959亿元，只占公募基金的1.3%，这和美国公募FOF占美国共同基金规模的12%比，差距是比较大的。

为什么会这样呢？我们简单分析了一下，认为国内投资于FOF的环境条件确实还不太成熟，对于没有什么投资经验的初级投资者还算合适，但是对于有一定经验的投资者就不太合适。

这主要表现在几个方面。FOF双重收费，除了产品本身，底层基金也要收2%的管理费和20%的业绩报酬，这进一步摊薄了投资者的收益。我觉得更为关键的，还是国内的对冲工具太少了。FOF更多是通过股债平衡策略来分散风险，这本身就拉低了收益，而且遇到大熊市的时候，没法平衡风险。在选择具体基金的时候，越来越多的公募FOF配置基金，更倾向于选择风格和行业指数，尤其是后者。原因很简单，很多基金经理是跑不赢行业指数的，所以就出现ETF（交易所交易基金）频繁出现FOF持仓的情况。从这个角度来看，对于有经验的投资者而言，与其选择这种FOF，不如直接投资指数基金。

指数基金

我给大家介绍三类指数基金。第一类按照交易方式不同，分为场内交易的指数基金和场外交易的指数基金；第二类按照拟合的指数不同，分为宽基指数基金和行业、主题指数基金；第三类按照策略不同，分为量化增强型指数基金和被动管理型指数基金。

什么叫宽基指数？就说是这个指数的成分股包含了各个行业的股票，不是单一行业，我们常见的宽基指数有上证50、沪深300、中证50等等。宽基指数因市场类型、指数市值的不同又存在很多差异。比如上证50指数，它实际上是选了上交所市值最大的50只股票，大蓝筹、金融股占比比较高。比如创业板指数就包括创业板中市值最大的100只股票，这个指数里科技、医疗行业的特征就比较明显。沪深300指数、中证500指数、中证1000指数也有各自的行业特征。

宽基指数对应的基金就是宽基指数基金。我们以沪深300指数为例，它对应的基金其实很多，比如大家熟悉的广发沪深300ETF、华夏沪深300ETF，这些都是追踪沪深300指数的基金，都属于宽基指数基金。这些基金名字里面都有发行基金的机构，所以宽基指数基金总体而言还是比较适合普通投资者的，投资者不用操太多的心。机构其实是多行业配置，相对来讲过滤掉了风险，也能够抓住行业的机会。

但是我们也知道，在中国市场挣到指数基金的钱不是特别容易，因为我国市场的运行方式和美国等成熟市场不一样，而且每年的风格变化特别大。这就要提到另外一种基金形态，即指数增强基金，它不是被动地只跟踪某个指数，而是采用量化增强的模型主动出击。它对经济周期、行业轮动、估值、基本面等很多因素进行分析，然后对一篮子股票进行调整。而且这些指数基金的管理费相对比较便宜，可以在所选的股票篮子里对有些行业的股票进行增强，加大投资甚至杠杆的力度。

除了宽基指数基金以外，还有一些行业或者主题的指数基金。我觉得这些基金的收益确实更好，但是风险也更大。比如大家熟悉的券商指数，它的成分股全部是证券公司，涨起来很快，跌起来也很快。大家熟悉的医药、消费、白酒、传媒、环保、军工、信息等等，都有这一类指数增强基金。

我们选择基金的时候，还是要回到前文讲的思路，要看自己的风险承受能力，有些行业确实涨得非常快，但是跌起来也非常猛。

总体上，我们在选择投资指数基金的时候，要结合风格轮动、行业轮动，同时要看历史业绩，选择好的基金公司和基金经理，做好必要的功课。

对于大部分普通投资者，我还是建议大家以平常心去对待，更稳健一些，更平衡一些。我可能更推荐大家关注宽基指数基金，多行业、多赛道分散配置，对冲风险，同时能够在总体上获得相对稳定的收益。

全球配置：
QDII 基金投资指南

QDII 指的是合格境内机构投资者，在国内设立，经过监管部门批准以后可以投资境外市场的机构。QDII 基金可以投资全球市场。

我们国家因为资本项目还没有完全放开，还有一定的限制，只允许一部分境内的投资者投资境外市场，所以 QDII 基金其实有点像是一个过渡性安排。当然，我觉得这对投资者来说也足够了。

QDII 基金的投资范围

其实，QDII 基金可以投资的范围还是比较广的，比如美股、港股，以及其他市场。你可以投中概股，可以投港股上优秀的中国公司，如果你了解国外的公司，也可以投。除了股票型QDII基金之外，还有债券型、商品型QDII基金。所以总体而言，QDII基金的投资范围比较广泛，可以帮助我们进行全球资产配置。

从规模上讲，毫无疑问是股票型QDII基金最多，也就是投资股票的最多。目前来看，QDII基金从地域上可以分为六大市场基金，包括大中华市场基金、香港市场基金、美国市场基金、全球市场基金、亚洲市场基金和欧洲市场基金。大中华市场基金是指在港股和美股上市的一些中国企业的基金，比如投资于互联网中概股的QDII基金大多数都属于大中华市场基金。

股票型基金又分为主动投资型和被动投资型两类。有些机构统计的数据显示，被动型基金的规模目前大概是2 093亿元，占全部QDII基金的72%。所以QDII基金的股票型基金中，还是被动型基金占主导地位。故QDII基金的特点是全球配置，同时以被动管理为主。

QDII基金主要投了哪些品类？目前看主要是三大类别。

第一类是中概股，包括恒生科技指数。在美国上市的这些中概股，以及在香港上市的互联网科技公司，是QDII基金目前比较看好的投资标的，整个QDII市场主要投的就是这一类科技股。

第二类是跟踪美股的宽基指数产品。美国股市实际上在2021年以前表现非常火爆，但是2021年下半年以后的表现就比较惨烈了，这一类跟踪美股的宽基指数产品受到的冲击可能也比较大。

第三类是跟踪香港市场的指数产品。沪港通以及"ETF通"开通之前，QDII基金是境内为数不多的投资于港股指数的渠道，现在的投资渠道比原来更多了。我们看到，内地的港股ETF仍然是门槛最低、最便捷的投资工具。我们估计，随着大量中概股的回归，包括一批新经济类的公司在香港上市，这类产品的规模可能还会增长。

如何参与QDII基金投资？

普通人怎么参与QDII基金投资？其实，参与门槛并不高，QDII基金还是以个人投资为主。从历史数据来看，个人投资占比基本上在75%左右。全球配置，听起来很高大上，其实只要1 000元人民币就可以参与。

我们国家的外汇管制比较严格，每个人每年只有5万美元的换汇额度，额度用完就没有了。这个时候怎么办呢？其实我觉得可以通过QDII基金进行海外资产的配置，因为你可以直接用人民币买 QDII 基金。基金经理并不能直接用人民币投资，他要把人民币先换成美元，我们赎回基金的时候，基金经理也要把赚到的美元换成人民币还给我们。

所以，QDII 基金的投资门槛还是比较低的。沪港通要 50 万元才能开户，普通投资者要进行全球资产配置的话，投资 QDII 基金是一种比较好的方式。

当然，QDII 基金有交易限制，而且有它的特殊性。QDII 基金要在两个交易日之后才能确认份额，相应地，赎回的周期也是 T+2，而且资金到账的时间为 10 天左右，可能不同的销售渠道略有差别。这是因为中国和外国有时差，全球市场基金的结算要比国内晚，还有就是因为有一个换汇的过程。

QDII 基金投资的风险

投资 QDII 基金可以进行全球资产配置，但你要承担一定的风险。

我们简单比较中美股市，2015—2022 年，美国道琼斯指数涨了 86%，但是同期上证指数反而下跌了 4.5%。2021 年以后，美股的表现也非常差。我们需要注意，QDII 基金在境外投资的时候，其实也面临更大的不确定性。

QDII 基金的风险和国内投资的风险不一样，但也不小。面临全球金融危机的时候，比如像 2018 年、2022 年这样全球市场都表现不佳的时候，QDII 基金的表现也不好。2007 年下半年，我国首批新发 4 只 QDII 基金，这个时点确实不好。2008 年发生金融危机，这 4 只基金都遭遇重创。2020 年 11 月，第一批出海的基金净值才刚刚回到面值以上。所以，QDII 基金的收益其实与买入时点的关系是非常大的。

从 2010 年开始，在全球市场反弹的推动下，QDII 基金发行规模也比较大。截至 2022 年年末，我国市场一共有 222 只 QDII 基金，规模达到了 3 267 亿元。应该说这样的规模还是不小的，但是业绩分化比较大。我个人会更喜欢多产业配置的平衡型基金。那种配置单一产业的基金，我觉得风险是比较大的。

过去几年最赚钱的 QDII 基金，其实主要集中在美股市场上，如科技、生物、医药、商品等板块，但科技股在 2021 年下半年的跌幅也比较大。美国市场上，以投资科技股著称的木头姐的基金净值竟然逐渐跌到了比巴菲特的基金净值还要低的水平。过去大家都说木头姐投资科技股很厉害，可见时点的把握是特别重要的。

那么，风险在哪里呢？

首先就是汇率风险，毕竟你用人民币去买基金，然后要用外币投资，这就涉及汇兑损失的问题。当然，如果你正好买对了，你还可能有汇兑收益。

其次是 QDII 基金对基金经理的要求比较高，毕竟在境内操盘和在境外操盘是两回事。

所以，无论从规模上来讲，还是从我们自己的选择来讲，可能被动型 QDII 基金还是主流，因为被动型基金降低了基金经理操作的难度。进行海外资产配置对我们的要求会比只在国内投资更高，因为你不光要看时点，看估值水平，还要了解海外市场的情况，这和在国内获取的信息量是完全不一样的。

随着大家海外资产配置的需求越来越多，QDII 基金确实是一个不错的选择，我们还要提高自己的专业水平、认知水平，尽可能地从全球视角去配置我们的资产。当然，对大部分人而言，如果没有那么多资产可以配置，我觉得更多的还是去感受市场的波动，去体会，去学习。

房市预测：
影响未来房价的关键因素

房价的问题是大家最为关注的，当然争论也特别大。这一轮房地产的复苏是真复苏吗？复苏能持续吗？决定未来房价的关键因素又是什么？

2023年春节以后，很多城市确实出现了房市的小阳春，大家的意见分歧也特别大。有的人说这是假象，是中介吆喝出来的；有的人说确实有些地方的房市在复苏，成交量回升了。那么，你怎么看？

可以这样说，2023年春节前后，二手房的成交量确实在很多城市有所回升。而且我们看到，2月百强房企的销售金额同比增长已经转正，边际上回暖的趋势应该是有的。我们还是要实事求是，毕竟疫情防控政策调整以后，大家也开始了正常的经济活动。

当然，这个市场是不是像很多人说的那么火热，我觉得要打个问号。要知道，我们毕竟已经遇到了人口负增长，在过去两年里很多新房无法交付，大家其实是犹疑的，大家对房地产的长期看法确实也发生了很大的变化。我们从理论上、逻辑上把这个问题梳理一下。

房价的一般影响因素

房价的走势还得从供需两端去看。

从需求看，人口变化带来真实的住房需求，但还要有购买能力。对投资型住房的需求，则要看货币环境，在"房住不炒"的基调下，投资确实越来越难了。

从供给看，首先要看库存。不要光看成交量，还要看挂牌量，如果成交量很大，挂牌量也很大，意味着压力仍然很大。还有就是土地因素，看政府批不批土地、开发商拿不拿地等。这是基本的理论架构，供需决定价格。

所以从供需这个角度，很多人都总结了朗朗上口的话，所谓"短期看政策，中期看库存，长期看人口"，也有很多人说"短期看金融，长期看人口，中期看土地"，从不同的维度来描述房价的影响因素。

我们从政策、库存、人口这三个维度来看一看中国房地产市场的发展趋势。

政策

看政策，一是看货币政策，一是看房地产调控政策。大家也知道，房地产是有建设周期的，所以短期之内，市场的真实需求和供给是很难逆转的。趋势一旦形成，很难被打破，或者说房地产周期的变动有一定的黏性。那么，这个时候最容易改变的是什么？当然是市场预期和货币环境。

我们来看一看最近这些政策到底有什么影响。其实2021年第四季度以来，各方面的货币政策、限购限售政策都在调整，总体上转向宽松。但这一轮政策调整对市场发挥作用的时间确实比较长。

过去，我们看到由于房地产具有金融属性，货币宽松基本上都会带来房价的上涨，而且是一、二、三线城市依次上涨。最明显的一次就是2015年下半年的一轮上涨，一直涨到2017年第一季度。这次还会如此吗？恐怕不是这样的，因为有一个很重要的因素发生变化了，就是这几年房地产调控一直在追求一个目标——房地产的去金融化。

其实，如果房地产完全没有投资价值，没有金融属性，这个市场可能不那么健康，但过度金融化会出大问题。重点不在于去不去金融化，而在于度的把握。

从 2021 年第四季度开始，调控政策、货币政策都在发生变化，总体而言是转向宽松，所以货币环境是相对友好的。但从现实情况来说，指望货币宽松之后房价再大涨，是没有可能性的。因为这一轮的调控、大家对于房地产的认识，以及监管部门对房地产调控的基本思路导致"放水—房价上涨"这个链条被阻断了。所以，我不太同意很多人说的，货币大放水，要通胀了，房价要大涨了，股市要大涨了，等等。这个逻辑是不成立的。

大量的流动性其实没有进入楼市，也没有进入股市，而是进入了很多企业。也就是说，宏观政策、货币政策虽然很友好，但是水流不进来，人们的预期也没有发生根本性的变化。我估计，2023 年春节以后在一线、二线城市出现的小阳春会持续一段时间，但是到下半年，到 2024 年，整个市场又会归于平静，市场分化可能会越来越严重。一部分城市的房地产有保值增值的可能性，但很多城市甚至大部分城市，房地产作为一个重要投资品的投资功能已经没有了，这和过去 20 年里我们经历的所有房地产周期是不一样的。

库存

我们再来看看中期因素，即库存。主要看什么？待售的既有库存和尚未建成的潜在库存。

从狭义库存来看，我们在 2023 年 3 月初这个时点去看待售面积。应该说自 2011 年以来，待售面积是不断走高的，最高的时候是 2015 年，超过 7 亿平方米。那个时候流行一种说法，叫涨价去库存。三、四线城市进行棚户区改造，特别是棚户区改造的货币化，导致住宅的待售面积大幅下降。到了 2019 年、2020 年，待售面积降到了 5 亿平方米。但是随着 2021 年、2022 年销售的放缓，待售面积再次上升，2022 年年底，这个数据是 5.64 亿平方米，这是一个比较高的水平。

从广义库存来看，潜在的房地产供应也很大。虽然 2020 年以来，住宅的新开工面积增速连续三年明显小于住宅销售面积增速，也就是说卖得比建得要快一点。但是我们知道，施工面积的增速，受到工程开发甚至烂尾的影响，下降不明显。比如说 2022 年，住宅新开工面积的同比增速下降了 39.8%，接近 40%。住宅销售面积同比下滑了 26.8%，住宅施工面积同比下滑了 7.3%。

从施工面积来看，2022 年年底，我们国家总共有 64 亿平方米的房屋住宅在施工，这些就是未来的库存。如果按照人均 35 平方米这个标准，这些供给可以满足 1.8 亿人居住。当然，这些库存主要在三、四、五线城市。

所以从中期因素来看，全国整体房价水平的提升压力还是很大的。很多人都在讲，房地产进入分化时代。可以这么说，大部分城市的房地产都失去了投资价值。

人口

我们再来看看长期因素，就是人口。从这个角度来讲，没有人怎么有需求？房地产过去 20 年的热潮，很大程度上得益于我们的人口结构以及人口红利。现在我们步入了老龄化、少子化社会，2022 年第一次出现人口负增长。

我们的城镇化率还在提高，但是速度下降了。2022 年中国的城镇化率是 65.22%，不到 70%，还有上升空间。但是，像过去那样城镇化率飞速增长的时代过去了。城镇化主要是大城市的城镇化，现在许多城市都出现人口的流出，再加上大量的库存，很多地方的房价确实已经比较便宜，或者说基本没有上涨空间了。

市场复苏能否持续？

将政策、库存、人口这几个短中长期因素梳理完之后，我们再来看看房地产市场的复苏能不能持续。回顾一下过去的房地产市场周期，2005—2008年、2009—2015年、2016—2021年，每年房地产的需求面积分别是6亿平方米、11亿平方米和17亿平方米，这个数据的增长反映的是真实的需求增长吗？其实2015年那一波房价大涨，很重要的原因是宽松的货币环境，再加上棚户区改造的货币化。这就导致了一个很重要的现象，很多需求被前置了，或者说被提前消耗了。

棚户区改造货币化，就是通过开发性金融机构拿出一大笔钱来补偿给拆迁户。当时中央银行创设了一个新的政策工具叫抵押补充贷款，就是PSL。央行通过PSL向国家开发银行发放贷款，国家开发银行再把棚户区改造专项贷款发给地方政府或者它的融资平台，然后地方政府拿这些钱进行货币化安置，就是向棚户区的居民发放补偿款。你想，有了钱之后你会怎么办？所以那一轮的房价上涨不是涨价去库存，实际上是发钱去库存。房企清理完库存，有了钱之后再去买地，买完地之后钱又回到地方政府手里，地方政府又还钱给国家开发银行，这是个完美的闭环。

但我觉得那是透支了后来相当长时间的需求。我们现在还能再进行一轮这样的棚户区改造货币化吗？很难了。我们再看一个数据，2022年国内房屋销售面积是13.58亿平方米，比

2021 年少，但是这个需求相对比较真实，也就是说挤掉了之前很多"虚胖"的成分。

所以从短期来看，2023 年很多城市的房地产市场只能企稳，成交量可能会放大，但大部分城市仍然需要消化过去 20 年，特别是过去 10 年的巨大供应，这就是我们看到不同城市产生分化的根本原因。可以这样说，考虑到人口的老龄化、少子化和负增长，房地产大周期确实变了，未来房地产市场火爆的场景将会极其稀缺。

大城市核心区域、核心板块的房子依然具有保值增值的功能，但像过去那样，10 年涨 10 倍、20 年涨 20 倍的情况将很难出现。

总的来说，这轮房地产市场的企稳回升可能主要集中在一线、新一线和强二线城市。对这个问题，我们务必保持清醒的头脑，时代真的变了，房地产行业也真的变了。

暴涨结束：
京沪深的房子还要不要买？

在这一节中，我们探讨一个具体问题：京沪深的房子还要不要买？对于这个问题，我想大家都有自己的看法，也讨论了很多年。很多人都开玩笑说，现在是一线城市容不下肉体，三、四线城市容不下灵魂。究竟是选择在一线城市打拼，还是回老家？很多人很纠结，令人纠结的一个很重要的原因就是房价。

一线城市的房价走势

现在看一线城市的高房价，确实让很多人难以承受，很多人也都在等房价下跌，结果过去几个周期，等来等去，等来的是房价更激烈地上涨，这次会不会不一样呢？对于更多的年轻人来说，是不是会等来更好的入手机会？我们先来看数据，然后再说结论。

根据全球最大的生活信息网站 Numbeo 的统计，我们对比了 20 个国际一线城市的绝对房价和相对房价。从绝对房价来讲，即用同一个汇率计算，京沪深中心城区的平均房价每平方米超过了 12 万元（见图 5-1）。好多人说，这是不是有点低了？注意，这是平均值。

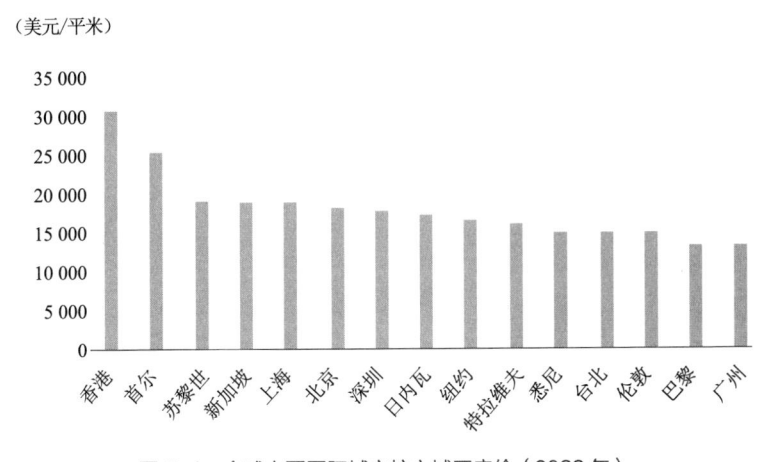

（美元/平米）

图 5-1 全球主要国际城市核心城区房价（2022 年）

资料来源：Numbeo，如是金融研究院。

从相对房价来看，京沪深的房价收入比超过 32 倍。就是说你得用 32 年的收入去买房子，占据了全球前 4 名中的 3 个席位。

从租金回报率看，京沪深这三大城市的租金回报率不到

1.9%，低于纽约的 4.6%、伦敦的 3.2%、东京的 2.8%。

从这些指标来看，无论是绝对水平还是相对水平，京沪深的房价确实非常高，甚至高于纽约、伦敦、东京等国际大都市，这就是今天我们看到的大城市房价的基本现象、基本问题。关于有没有泡沫这个问题，争议很大，绝大部分人认为是有泡沫的，而且泡沫很大。但从学术上讲，泡沫要由很多指标去衡量。大家一定要注意，国内一线城市房价的上限，不是由这个地区的收入中位数决定的，而是由有购买能力的中高收入群体的收入决定的。

当然，我们国家的房价问题又附着着大量的公共资源问题、教育问题、医疗问题，还有特有的土地制度问题等。我们也看到，像京沪深这样的核心城市，优质的公共资源高度集中，确实在国际上比较少见。当然，这在发展中国家比较普遍。美国的大城市也集中资源，但不像我们这样不平衡，所以我们这种特殊的区域分化、城市分化，也导致了公共资源的巨大差异。

京沪深房价的影响因素

那京沪深的房子到底还能不能买？大家也知道，北京是我国的政治中心，上海是重要的金融中心，深圳是创新中心，这三个城市也都是超级城市。

可能很多人没有概念。我们的一线城市人口占总人口的比重，和其他发达国家相比其实是偏低的，因为我们人口基数大，发展又不平衡，北上广深四个一线城市占全国总人口的比重只有5.2%。

同期像韩国、英国、法国、美国，它们排在前4位的城市，人口比重分别是51.5%、37%、24.9%、22.6%、14.7%。虽然这个指标也不是唯一的指标，但大概能看出来，我国的首位度城市其实偏少。

2021年我写过一份报告，当时觉得中国至少需要8个一线城市。长期来看，尽管北京、上海这两个城市最近几年采取了很多疏解城市功能的举措，但人口流入的压力或者说潜力依然很大。可以这么说，京沪深的高房价很可能是个常态。这个结论其实很扎心，特别是对于年轻群体来讲，但是我们也要实事求是地看到这一点。

那么问题来了，现在房市不是复苏了吗？不是有小阳春吗？不是成交量上升了吗？那么京沪深的房价还会不会像2008年、2015年那样，出现特别大的上涨呢？

我觉得可能性不大了，为什么？我想从人口、土地、库存这几个层面讨论一下。

常住人口数量

我们先看长期问题,主要是常住人口数量。常住人口产生了真实的需求,人口是房价长期变动的基本动因。

2015年以后,北京、上海就已经在严控常住人口数量了。北京、上海的人口流入在2015年以后明显放缓,2016—2021年,北京甚至连续出现了人口净流出,这也是最近这些年北京房价上涨幅度远不如上海和深圳的一个很重要的原因。深圳受到的限制较小,而且在2016—2021年,深圳人口净流入了266.65万,所以深圳房价上涨是有支撑的,因为人口数量增加了17.75%。

那以后呢?从目前发布的相关规划来看,一线城市相对来说人口余额不足已经非常明显,未来人口流入的空间没那么大了,因为在控制,而且有了效果。

根据《上海市城市总体规划(2017—2035年)》,以2 500万人口规模作为2035年常住人口调控目标,参照2021年的数据,上海的人口余额只有10万多一点。《北京城市总体规划(2016年—2035年)》确定常住人口规模到2020年要控制在2 300万以内,2020年以后长期稳定在这一水平,疏解非首都功能。2021年北京的人口数量达到了2 188.6万，人口余额还有110多万。《深圳市国土空间总体规划（2020—2035年）》（草案）提出，2035年常住人口规模为1 900万，但是2021年深圳的常住人口规模已经达到了1 768.16万，也就是说，未来十几年，深圳的人口余额只有131.84万。

在人口总量受限的情况下，京沪深一定会吸引更高质量、更高端的人才。2018年以后，北京、上海就开始"抢人"了，出台各种人才新政，当然门槛都挺高的。北京建立了优秀人才引进的绿色通道，支持优秀人才落户；上海打造人才高峰，重点吸引13个领域的高端人才。所以，人口流入的空间不大了。如果从规划来看，目前北京和深圳还有100多万的人口余额，上海的人口余额不足了。

土地供给与库存去化

我们再来看看中期的土地问题、库存问题。京沪深的土地寸土寸金，大家都知道。在上一个周期，京沪深住宅供地大幅收缩也是推高房价很重要的原因。因为同类供地中，很多都被划为商业、工业用地了，住宅供地规模其实是萎缩的。

2016年，北京、上海住宅类土地供应大幅缩减，分别是220万平方米和687万平方米，甚至不到2015年的一半。深圳是最紧张的，供应量只有 24 万平方米，和北京、上海不是一个数量级。深圳的房价最近几年上涨，一是因为土地少，二是因为人口流入多。所以土地供应减少也导致价格大幅攀升，"地王"频出，2016 年被称为"地王年"。

再看看最近几年的情况。2017 年，北京、上海、深圳的土地供应有所回升，为了响应房住不炒的政策，新增土地主要用于限价房和共有产权房。当时北京的土地出让面积创下了 4 年以来的新高，而且限价房地块占了 46%，共有产权房住宅用地占比为 42%，还有一部分用于租赁型的住宅，纯商品住宅用地很少。上海推出了租赁住宅用地，大量的土地用于租赁住宅建设。深圳本来土地供应就少，唯一出让的土地是只租不售的性质，新增可售住宅用地数量是 0，所以只能通过城中村和旧城改造来盘活存量。

从土地因素、人口因素大概能看出，这几年为什么这三个城市的房价波动轨迹不一样，尤其是深圳，它的房价上涨是由土地和人口支撑的。

所以，有限的土地供应使得 2018 年京沪深的房地产库存明显偏低，新建房屋数量又极为有限，大多数都是二手房交易，甚至出现了价格倒挂现象。京沪深的库存去化周期分别达到了 2.7 年、1.6 年和 1.0 年。北京的库存被推高，主要是外围区域所致。深圳的库存去化周期大概处在 12 个月的安全边界之内，库存比较低。

现在的库存情况和上一轮周期明显不一样。2017 年以来，为了配合房价调控，京沪深的土地供应增加，而且平稳。北京、上海两个城市，2019—2021 年推出的住宅用地比 2015—2016 年年均增加 50% 以上。深圳更夸张，土地供应增加了 6 倍多。土地供应增加，再加上销售疲软，这一轮京沪深的库存去化远远不如前几轮周期。

2023 年 1 月，北京新房库存量为 10.71 万套。2015 年年底的时候是多少？ 12 万套。2016 年年底是 8 万套。目前，北京的库存已经超过 2016 年年底的水平。但是 2016 年的月均成交量超过 9 000 套，现在的月均成交量大概是 4 000 套。所以，北京现在是有库存压力的，库存去化周期是拉长的。

深圳的库存，在 2022 年年底，时隔 10 年再次突破 550 万平方米，达到了一个峰值，特别是从 2022 年下半年以来一路上扬。库存去化周期也拉长，要消化完这些库存至少需要 20.2 个月，现在的库存周期已经明显高于业内公认的警戒线——12 个月。

上海的库存去化速度最快，从 2022 年 10 月到 2023 年 1 月，库存去化周期是 5 个月左右。在上海，楼市似乎也没有很多人说的那么沸腾，只是成交比较活跃，有点像从冰水转为温水状态，但整体温度不是太高，原因是什么？与库存关系很大。截至2022年年末，上海新房库存量达到了5万多套，这在最近几年的市场中是比较少见的。土地持续供应，全新楼盘的数量也即将迎来高峰。房企项目入市速度更快，维持在高供应水平。2022年，上海全年累计供应的新房套数是101 519套，同比增长了38%，是2016年以来的最高水平。业内预计，2023年上海大概会有300个楼盘入市，新房供应量还会创新高。

通过这些数据，我想结论基本上比较清楚了。尽管出现了房市小阳春，特别是京沪深这些城市，成交量活跃了，市场回暖了，但是库存仍然比较高，尤其是上海。可以这么说，现在三大城市各有各的特点，短期之内都面临高库存、高供给的问题，所以今年房市虽企稳回暖，但是房价大幅上涨的可能性极小。

从长期来看，考虑到公共资源，考虑到人口天花板，京沪深房价的支撑力还在，这和四、五、六线城市的房地产市场是不一样的，无论是从库存还是从未来供给的角度分析，和全国的趋势也是不一样的。

可以这样说，2023年房地产宏观政策延续了前一年的友好、放松，我估计房市能够有一波回暖复苏，但价格暴涨的可能性微乎其微。至于要不要买京沪深的房子，每个人的情况不一样。如果是刚需，其实没有太多选择，遇到合适的就可以出手；如果是投资，就要越来越谨慎，或者说越来越需要专业度和节奏把握能力，投机的空间越来越小。

所以，2023年楼市其实真正地进入一个大分化时代，很多城市的房价可能会一直延续阴跌的状态，而京沪深的房子可能稍微坚挺，但是大涨的可能性也不大了。

风险预判：
哪几类房子不能买

前文我们讲了京沪深的房子还能不能买，这一节我们看看哪些房子不能买。

房地产市场从普涨进入了分化时代，我想大家也有了基本的共识。怎么去认识买房、卖房过程中的风险？

我认为房地产市场大概有以下几类风险。

政策风险

第一类风险是政策风险。房地产价格其实和政策息息相关。我相信每一个人都感受到了，很多热点城市的房价波动，特别是上涨，很容易触发政策调控，当然也很容易引发局部性的房地产危机，这种风险在投资中一定要避开，刚需和改善性购房更得避开。

1993 年海南的房地产泡沫,其实就是典型的政策冲击导致的局部崩盘。1992 年海南房地产市场几近疯狂,当时邓小平视察南方以后,各地都在"大干快上",海南的房地产业突飞猛进。当时海南人口为 650 多万,但是有 2 万多家房地产公司,平均 300 个人就有一家房地产公司。

从房价变化看,海南建省之初的房价大概是每平方米 1 350 元,1991 年是 1 400 元,到 1992 年已经到了 5 000 元。这个价格现在看起来似乎不高,但是在当时已经是天价了。也就是说,投资过快,信贷过快,房价上涨过快。

那么,调控是从什么时候开始的呢？ 1993 年 6 月 23 日,时任国务院副总理朱镕基同志发表讲话,宣布停止房地产公司上市,全面控制银行资金进入房地产。后来国务院发布了"国 16 条",强化房地产的宏观管理调控,信贷收缩,限期收回违章拆借的这些资金。

所有这些政策对于当时的海南,应该说都成了泡沫破裂的导火索。1993 年下半年,海南房价已经下跌到每平方米 1 400 元,跌幅达到了惊人的 80%,烂尾楼到处可见,海南 2 万多家房地产公司有 95% 倒闭,金融机构积累了规模达 1 000 亿元左右的坏账,好多风险到现在还没有处置完。这件事的影响很大，是中国建立社会主义市场经济体制以后，遇到的第一次重大的房地产泡沫或者说金融风险。

金融风险

第二类风险是金融风险。我们主要从市场本身的运行去看，可以这么说，每一次大的经济危机基本上都来自房地产，因为房地产是周期之母，而且房地产天然是一个加杠杆的产业，如果没有杠杆或者杠杆比较低，那房价对流动性的影响不会那么敏感。

最近几年一些企业连续爆雷，其实就明显地引发了金融风险。2008—2020 年，因为老百姓在借钱用于买房，整个国家居民的宏观杠杆率都是快速提升的，从 2008 年金融危机以后的 19% 提高到 61.9% 左右。

与发达国家相比，我国的杠杆率虽有一定提升空间，但是提升速度非常快，这也是这几年房地产调控一个很重要的现实背景。我们要知道，各地的金融风险是不大一样的。有一些地方金融意识比较强，金融体系比较发达，企业在房地产上升周期里会大量地依靠杠杆买房。今天经常讲的所谓"高杠杆、高周转、高负债"三高模式，是这几年很多房企在相对宽松的金融环境下创造出来的，我们对这个模式也不能一概否定，它在特定时期确实推动了行业的发展。但是这个模式一旦进入拐点，如果不能及时刹车，就很容易车毁人亡。这几年发生的情况就是如此。举一个 2008 年金融危机以后温州的案例。2009 年货币政策开始全面松动，那个时候在温州投资的很多人就看到了机会。一方面，大量的中小企业以搞实业的名义贷款，然后反过头去投资房地产，其实就是炒房子；另一方面，大量的购房者先购房，然后做抵押贷款，再购房，其实也是在炒房。

这种投机应该说有它现实的宏观背景，但是当这种状况成为一个普遍状况，杠杆率越来越高，债务越来越高，就极容易形成风险，最后就变成一个庞氏骗局了。只有相信房价永远上涨，才会有后来者不断地涌入。温州当年的情况非常典型。当然，那一波炒房的城市可不是只有温州一个。

当时，很多人除了六七成的房贷，还借助互保、联保等方式，把剩下的三四成资金再进行抵押，所以实际的杠杆率是非常高的。大量的购房者进行民间借贷，而且当时蔚然成风，有机构统计，大概有 89% 的家庭和 60% 的企业都参与了民间借贷，这种投机需求在杠杆的作用下迅速膨胀。温州的房价涨幅非常大，到 2010 年涨到了每平方米 1.4 万元，在全国已经排名第六了，仅次于北京、上海、深圳、三亚和杭州。

2011年温州的平均房价涨到了每平方米2万多元，超过杭州，年度涨幅超过了50%。当时，房价能达到2万元的只有4个城市——温州、上海、北京和杭州，而温州是唯一一个均价接近3万元的城市。

后来，2011年年底银根收紧，温州的房市也迎来了灭顶之灾。90%以上的中小企业没法续贷，民间的贷款年利率涨到了25%，最高的达到了180%，房地产开始崩盘了，房价一路跌到了2015年的每平方米1.2万元，比腰斩还严重。所以这一轮房价下跌引发了系统性危机，导致整个城市发展都受到影响。

这样一个房地产泡沫从膨胀到破裂的过程，对一个城市长期发展的影响是非常大的，现在温州的房价大概也就是每平方米2万元，这可是十几年以后的价格了。所以，高杠杆形成房地产泡沫的房子是不能买的，不要想当然，觉得自己一定能在泡沫破裂之前跑出来。

产业衰退

第三类风险是产业衰退风险。关于此种风险，最典型的例子就是美国的底特律，原来是汽车城，现在成了"死城"，也在升级转型。我们看到中国也有很多资源型城市，有些城市的资源能持续，有些城市资源枯竭之后，就比较麻烦了，如果没有新的产业替代，就很难对房价有支撑。

我们来看看鄂尔多斯的案例。鄂尔多斯是全国第一大产煤城市，也曾经出现过房地产泡沫。2011年，鄂尔多斯的GDP突破2 000亿元，人均GDP为10.24万元，排名全国第一。

鄂尔多斯的产业特点决定了它的产业结构，它的第三产业占比不足30%，所以有很大的问题。巨量的财富没地方可投，只能投入房地产，房价从2006年的每平方米大概1 200元，涨到2007年的5 000元，2009年是7 000~8 000元，2011年上半年已经达到13 000元，一些地方甚至突破了2万元，与一线城市的房价相当，人均拥有住房10套以上。

但是，它的产业结构无法吸引其他产业的人去，2012年以后，由于煤炭价格下跌，引发连锁反应，很多人急于套现，要恢复流动性，所以房价就一路下跌了。因为煤炭产业的影响，加上没有其他产业带动，鄂尔多斯一度陷入了类似于温州那种情况，民间借贷风险爆发，资金链断裂，房价崩盘，甚至很多地方房价跌到每平方米3 000元都没人接盘，近八成的新建项目停工。

随着供给侧结构性改革的进行，煤炭行业恢复，鄂尔多斯的房价和经济也在恢复。目前鄂尔多斯的房价大概是每平方米9 000元，不到当年的70%。

可以这样说，对于资源型城市，要特别看到产业的匹配、人口的流入，要特别小心房地产业的过度集中化和泡沫化。

人口流失

第四类风险是人口流失风险。比如鹤岗，最近几年对它的讨论也非常多，号称1.5万元就能全款买房。从最新的第七次人口普查结果来看，鹤岗的常住人口从2010年到2020年减少了16.7万人，下降了15.8%，每年大概下降1.71%。

而像鹤岗一样，10年间城市常住人口减少超过16%的城市一共有20个，位居前10的是绥化、七台河、白山、齐齐哈尔、白城、伊春、黑河、本溪、通化和松原。这些城市基本集中在东北地区，所以我一直觉得东北地区的发展要从长计议，认真思考，尊重规律。在尊重规律的基础上，想办法转型、振兴，而不是一味低效地投入资源。有的时候，人口的迁徙与流动，也未必是坏事。当然这是另外一个复杂的问题了。

投机炒作

第五类风险是投机炒作风险。一个典型的案例就是辽宁丹东。2018 年朝鲜宣布将停止核试验，积极与周边国家及国际社会进行密切联系和对话，所以作为和朝鲜接壤的城市，丹东吸引了一堆炒房客，每平方米房价一小时涨 100 元，两天暴涨 57%。

这种由突发事件、突发信息引发的炒作，也引来了政策的打击。丹东市政府很快就出台新政，比如 5 年限售、异地申请公积金贷款首付比例不低于 50%、二套房贷款利率要上浮 20% 等，实际上就把买房的流动性大大降低了，也没法套现。

再比如北京副中心建设的问题。2015 年，北京市政府东迁至通州的消息一出，让整个通州连带廊坊北三县的房价一下就涨起来了，半年翻番。2016 年房价更是一路上涨，燕郊成了环京第一城，2016 年年初每平方米房价大概是 1 万元，到 2017 年 3 月已经涨到了 38 000 元。但是现在来看，2017 年第一季度基本上是那一轮房价上涨的高峰。

2017 年 6 月，北三县开始严格限购，非本地户籍购房者需要提供三年当地社保缴纳证明，而且还不能补缴。北三县的限购、三年疫情，再加上北京疏解非首都功能的举措、南北方经济的差异，导致北三县的房价在 2020 年以后出现了腰斩、"膝斩"、"脚脖子斩"。即便是2022年，北三县的限购政策放开了，当地市场也没有恢复。因为恢复不仅仅靠突发信息、政策红利，还有很复杂的原因。

因为一个信息的出现或者一个政策的出台，之后房价飞涨的情况，我们一定要小心。

不管怎么说，房地产的黄金时代确实过去了。有的城市的房价可能还会缓慢地创新高，但需要时间；有的城市的房价已经不可能再现历史辉煌了，未来可能出现阴跌趋势。投资房产需要考量的因素越来越多，也需要自己越来越多地去学习，保持专业度和敏感度。

黄金市场预测：
保持谨慎的乐观

2022年下半年以来，很多国际机构都认为，2023年对黄金可以看高一线，黄金市场可能迎来一轮牛市。我们看到的现实数据，确实是2022年黄金的净购买量已经创了55年来的新高。那么，黄金牛市是不是出现了？

黄金市场分析：供给、需求和美元

从基本的分析逻辑和框架来讲，过去我们分析黄金市场，无非要充分考虑供给、需求、美元以及交易层面的变化。

黄金市场的供给，每年略有变动，但这几年变动不大。为什么大家对黄金又如此看好，甚至有人预言，要出现一轮黄金牛市？我想主要还是从美元和需求这两个维度得出的结论。

权威机构世界黄金协会公布的数据显示，2022年各国央行的黄金净购买量，就是买入的黄金减去卖出的黄金，是1 135吨，创下了1967年以来的新高，1967年是1 404吨。那么，怎么去看美元的走势，怎么去看需求的变化？

我们也知道，在布雷顿森林体系崩溃以后，黄金已经非货币化了。二战结束以后，国际金融体系形成了所谓的"双挂钩一固定"，就是美元和黄金挂钩，其他国家货币和美元挂钩，美元和黄金维持固定汇率。但是1971年，尼克松总统宣布美元和黄金脱钩，这就是历史上著名的"尼克松冲击"。1973年，战后的国际金融体系——布雷顿森林体系崩溃，随后又出现了石油危机。中东产油国对西方国家实施石油禁运，加上美元的剧烈贬值，导致了20世纪70年代的第一次石油危机。

1973年布雷顿森林体系崩溃以后，黄金已经不再作为货币了，因为它已经无法与美元挂钩，这应该说是一个体系性的变化。也就是说，黄金从货币变成一种普通的投资品，当然也是一种特殊的投资品。

其实每隔几年，大家对于黄金市场都有很多惊人的看法。十几年前，有人鼓吹黄金价格会涨到每盎司1万美元，那轮所谓的黄金大牛市其实与石油价格的上涨、大宗商品价格的上涨趋势是一致的。主要原因是全球流动性的宽松，而它的起点是2001年美联储连续降息以刺激经济，而中国在2001年加入世界贸易组织，成为世界工厂，那是低通胀、低波动、高增长的全球繁荣周期。所以那轮周期黄金表现得也非常好，随后就出现了剧烈的波动。波动的起点是2008年全球金融危机，此后黄金似乎一直处在大家的质疑当中：黄金还是不是一个好的投资品种？除了真正专业的机构，普通老百姓似乎对黄金的投资价值产生了怀疑。

大国关系的变化

为什么2022年很多国际投行又给出了这样一个结论，认为黄金牛市可能要来了？主要原因还是需求的变化。我个人认为，主要是因为俄乌冲突导致人们对黄金的理解发生了变化。为什么呢？俄乌冲突发生以后，俄罗斯被美国和欧洲很多国家制裁，目前俄罗斯遭受的制裁高达12 000多条。大家突然发现一个问题，在大国关系出现重大调整之后，很多国家的资产可能会被冻结，美元资产变得不太安全，各个国家的央行需要配置更多元化的资产来抵御汇率波动的风险，来抵御国际关系变动的风险。

比如，按照世界黄金协会的统计，2022年黄金购买量最多的竟然是中国，他们统计在11月到12月这两个月里，中国央行购买了62吨黄金，从公开数据看是中国三年以来的首次。在截至2022年11月的一年里，中国在购买黄金的同时，将美国国债的数量减持了20%。

而与此同时，在通货膨胀的背景下，土耳其、印度、卡塔尔、乌兹别克斯坦等国家也购买了大量黄金。也就是说，我们看到，在大国关系调整以后，很多国家的央行对购买黄金变得更加积极。我觉得这是需求层面最大的变化，大家开始意识到，资产需要更加多元化。俄罗斯从2014年克里米亚危机之后，一直致力于金融资产的多元化、去美元化。

俄罗斯在2022年遭遇了这么多制裁，它的金融市场总体却比我们想象的有韧性得多，整个经济下滑的程度也比我们原来想象的小得多，这很大程度上归功于2014年克里米亚危机以后，它针对各种国际制裁的预案和实际执行。实践证明，俄罗斯仍然在致力于去美元化，俄罗斯央行也在大量地购买黄金，被认为是全球黄金市场的大买家。一些市场人士分析，俄罗斯是产金国，所以它储备本国黄金作为外汇储备的可能性很高。

所以可以这样说，黄金需求变化，最大的原因还是大国关系的变化。中美关系的调整可能也会引发中国央行在国际资产配置、国际投资上对品种、比例的调整。那么这种需求的变化是不是长期的呢？

各国央行黄金需求飙升

目前，各国央行增持黄金，一些国家的央行开始减持美债，这可能是一种趋势，不是个短期问题，而是个长期问题。所以，如果从一个较长时期来看，考虑到国际关系的变化，黄金的需求特点确实发生了质的改变。

中国人民银行在 2022 年 12 月 7 日发布的 2022 年 11 月底的外汇储备构成显示，中国的黄金持有量为 1 980 吨，比 10 月底增加了 1.6%，是自 2019 年 9 月以来的首次增加。也就是说，中国增加了黄金的进口，将之作为安全资产。

可以这样说，大国关系、中美关系的变化给大国的央行提了一个醒，资产的安全、资产的多元化越来越重要。那么相应的调整，我想在未来几年仍然会有，也就是说，各国央行增持黄金的举动还没有结束。所以我个人认为，需求端的变化是最重要的。在供给端没有明显变化的情况下，需求增加而且长期增加，所以对于黄金市场，我们可能要更乐观一点。

美元霸权与黄金牛市

除了需求，影响黄金市场的一个很重要的因素是美元。美元走势在 2022 年下半年，特别是 9 月，达到阶段性高点。由于美联储的强力加息，全球流动性收缩，美元升值。美元对全球几乎所有货币都出现升值，对人民币升值超过 15%，对日元的升值幅度更大。相比来讲，人民币在非美元货币中的表现是最好的。

美元的升值在一定程度上压制了 2022 年黄金价格的走势。但是随着 2022 年 9 月以后美元由升值转为贬值，并且大家预计 2023 年美联储极有可能在加息这个问题上由鹰派转向鸽派，美元在 2023 年的表现可能不会那么强势。甚至有更乐观的观点预计，2023 年美元可能相对于 2022 年出现明显的贬值，这样对人民币的压力大大减轻，对日元的压力也大为减轻。

关于这个问题，我持保留态度，为什么呢？我对美联储放松加息的节奏、步伐相对悲观一点，因为通胀具有黏性，想尽快解决通胀问题是不大可能的。

美国的经济无论从就业数据还是消费数据看，目前不但没有衰退的迹象，反而增长强劲，而且出现一定程度的过热，这就决定了美元在 2023 年极有可能表现得不是那么弱势，甚至依然很强势，这可能与现在华尔街和全球金融市场的预测不大一样。

美元的强势当然对黄金价格有一定的抑制作用，因为黄金价格的走势、大宗商品价格的走势和美元的走势正好相反。所以，我觉得 2023 年黄金价格的涨幅会受到强势美元的抑制。

我们也知道，除了各国央行在增持黄金，还有很多金融机构也正在增加黄金的购买作为国际储备，形成安全资产以避险。所以，我觉得 2023 年反倒是黄金市场一个不错的时间窗口。

很多人认为，世界出现了去美元化浪潮，美元的霸权地位遭到了挑战。有人甚至援引沙特和中国之间的石油贸易有一部分用人民币结算，认为美元体系将终结，石油美元循环会被打破。我觉得这种想法可能有点太乐观了。

短期之内，美元依然是国际货币，依然是国际上主要的储备货币、结算货币、计价货币，想撬动美元的霸权地位不大可能。当然在大国关系的变动之下，各国基于安全的考虑，想保障投资安全、金融安全，增持黄金，削减对美元的持有，这是有共识的，或者说这至少是一个中期趋势。因此我认为，我们可以对黄金市场稍微乐观一点。

黄金的投资形式有很多，可以买纸黄金，可以买实物黄金。我个人还是建议大家直接买实物黄金。在一般的金融机构，你的存款数量或者说可投资产数量要达到一定规模，才有可能享受到免费的黄金储存服务，但绝大部分人的资产是达不到这个水平的。所以，黄金投资是中产阶层及以上人士的标配，但是也不宜配置太多，毕竟它不升息，还有保管费用。同时，黄金的流动性和货币、外汇的流动性是没法比的。

不管怎么说，我觉得我们要看到，2023年美元可能没有我们想象的那么弱势，对黄金价格未必有那么强的支撑。但同时也要看到各国央行基于国家关系、外交关系的变化，更加强调储备的多元化、资产的安全，这可能是一个长期趋势。所以我认为我们可以对黄金市场更乐观一些，至于是不是会出现黄金大牛市，我个人没有这么强的预期，也不敢下这样的定论。

第六章
规避风险:打赢财富保卫战

长期主义：
个人养老金投资指南

养老是一个大家都很关心的问题，个人养老金投资该如何操作？好多人马上就有个疑问：这件事跟我有关系吗？其实这件事跟每个人都有关系。而且和以往不一样，现在越来越多的人有投资养老金的条件。

养老金三支柱体系

国家养老金体系有三大支柱：基本养老保险基金、企业/职业年金、个人养老金。这三个支柱有什么特点？基本养老保险基金是国家强制规定的，我们每个月都要缴纳的社保中的相当大一部分就是基本养老金。企业/职业年金覆盖面比较窄，以央企、国企、政府部门、事业单位为主。个人养老金的特点是个人自愿参加，个人把部分收入存入养老金账户，然后由专业机构进行长期投资管理，把这些钱用来储蓄以及买理财产品、商业保险、公募基金等等，个人退休以后连本带利按月领取。

截至2021年年末，在养老金的三支柱中，基本养老保险基金累计的结余大概是6.4万亿元。企业年金和职业年金的规模大概是4.4万亿元，包括2.6万亿元的企业年金和1.8万亿元的职业年金。个人养老金的规模只有1700亿元。

我们也知道，第一、二支柱很难承担全部的养老需求。2018年以后，第三支柱的发展就显得非常紧迫，发展速度也很快。国家先是进行了养老产品的试点，后来因为税收等原因，收效不大。2022年4月，《国务院办公厅关于推动个人养老金发展的意见》发布。2022年11月4日，五部门又联合发布了《个人养老金实施办法》。与此同时，一些税收、账户开立、产品投资的规定也配套出台了。可以说，个人养老金制度进入了一个实质性的推动阶段。

目前，全国36个城市试点个人养老金账户。2022年11月28日，养老目标基金Y份额开售。

是否参与个人养老金?

我们为什么要参加个人养老金?什么样的人适合参加?大部分人参加个人养老金的主要原因是什么?

参加个人养老金可以享受国家税收上的递延优惠,简单来说,就是个人养老金在缴费和投资阶段不征税,在领取阶段再按照比较低的税率收税。这次节税的优势比2018年要大很多。

2018年在上海、苏州等少数城市试点个人税收递延型商业养老保险,实际的税负是7.5%,这次降到了3%。也就是说,在你领取养老金的阶段,不管是存入的本金还是投资产生的收益,都按照3%的比例来缴纳个税,直接把税率降低到了最低档。

哪些人适合参加个人养老金?税前年薪达到9.6万元是个分水岭。因为如果你的税前年薪在6万元以内,本来不需要交税,参加个人养老金反而要多交3%的税。年薪为6万~9.6万元这部分人本来是要按照3%的税率交税的,参加个人养老金不会增加收益,而且资金还要被锁定到退休。对于年收入在9.6万元以上,需要按照10%的税率纳税的人群,个人养老金就有意义了。

参加个人养老金有明显的税收激励作用。很多机构都做了测算，月收入为 1 万元，每个月可以节税 70 元左右，如果月收入为 2 万元，节税额就增加到了 170 元。看起来优惠很小，但如果按复利滚动的话，这笔钱还是挺可观的。比如你月收入 1 万元，定期缴纳 35 年，年化投资收益率达到了 7%，最终累计节税额就可以达到 7.5 万元。如果你月收入为 2 万元，累计节税额可以达到 30 多万元，这就很可观了。有的人收入更高，节税的效果更明显。

当然，参与个人养老金，这部分钱你不能随时取出来用，因为个人养老金账户实行封闭式管理，你只能向资金账户里打钱，不到退休年龄或者遇到出国、身故等一些特殊情况，是不能取的，支取的条件比较苛刻。所以对于这部分钱，对流动性的要求不能太高，如果对流动性要求高，那还是要慎重考虑。

个人养老金的四大投资品种

个人可以自主决定参加养老金的投资计划，但个人养老金产品不保证收益，也不保证本金，投资是有风险的。当然，一般而言，风险相对较小，这从它的投资品种就可以看出来。个人养老金的投资品种主要有四大类，即储蓄存款、理财产品、商业养老保险和公募基金。

第一类是养老储蓄，风险很小。开办个人养老金的商业银行所发行的这种储蓄存款，包括特定养老储蓄，是可以纳入个人养老金产品范畴的。

特定养老储蓄的产品类型分为整存整取、零存整取和整存零取，期限有5年、10年、15年、20年四档，满35岁才可以购买。这种产品有专用利率，目前整存整取的利率是3.5%~4%，比大型商业银行5年期定期存款的利率略微高一点。

第二类是养老理财，相对来讲也是属于稳健型的产品。个人养老金理财产品的扩容速度还是比较快的，截至2023年6月已经达到了18只。它的投资标的主要是固定收益类产品，有一些混合投资，可以满足目前养老投资人风险偏好整体比较低的特点，80%的投资投在了低风险的利率债、高等级的信用债上，还有20%左右投资了一些弹性比较大的权益类资产。

目前来看，养老理财产品的业绩基准为5.8%~8%，有很多产品短期略有亏损，但总体还好，因为这些产品也引入了平滑基金、风险准备金、减值准备等保障机制，尽可能地把投资的波动熨平。当然，养老理财的风险肯定比养老储蓄要大。

第三类就是养老保险，产品很多，从2021年的情况来看，实际结算利率为4%~6%。个人养老金保险产品扩容也很快，到 2023 年 3 月，已经有 12 家公司的 20 款产品，未来应该还会有更多的产品和机构加入。

养老保险涵盖了年金保险、两全保险、万能保险、专属商业养老保险等。产品有进取型、稳健型两种，一种稍微激进一点，一种稍微保守一点。2021 年稳健型账户的年化结算利率为 4%~6%，进取型账户的年化结算利率为 5%~6.1%。在现在的经济情况下，这样的利率还算是比较好的。

从产品的保障内容上看，养老保险主要包含养老年金和身故保险金，保障程度是比较高的，收益也比较稳定，所以我觉得养老保险也是未来可供大家选择的一个非常重要的品类。

第四类就是养老基金，其风险类型覆盖面比较广，对于不同投资者的需求满足相对更多一些。证监会在 2022 年 11 月 8 日发布了个人养老金基金名录，易方达、广发等 40 多家基金公司的一共 129 只基金产品入选。这 129 只养老目标基金增设 Y 类份额，是针对个人养老金投资业务单独设立的份额类别。这些基金可通过个人养老金账户购买，并且享受一定的管理费率、托管费率优惠，多数产品份额的费率相当于普通份额打对折。首批产品有以下特点：

从基金风格来讲，79 只目标风险基金中，稳健养老的 FOF 数量最多，有 59 只，占 73%；

从管理人来看，129 只基金是从 40 家基金公司里选的，基本上都是头部基金公司，像华夏基金共有 9 只产品，它的 Y 份额基金数量最多，产品线也最全；

从到期时间来看，50 只目标日期基金中，覆盖的退休日期从 2025 年到 2050 年不等，通常是以 5 年为间隔。

养老目标基金怎么划分？从投资策略这个角度，基本上分为目标风险和目标日期两大策略，一个强调风险管理，一个强调到期的时间。

目标风险策略就是根据特定的风险定位来决定一些资产的配置，有积极型、平衡型、稳健型，权益投资的比例分别不超过 80%、60% 和 30%，投资时主要看个人的风险偏好。

目标日期策略是以投资者退休日期为目标，就是把个人的生命周期划分成不同的阶段，根据退休的日期倒推来配置。假定投资者随着年龄的增长，风险承受能力下降，那随着设定目标日期的临近，得逐渐提高低风险产品的配置比例，降低高风险产品的配置比例。就是越临近退休，越要配置低风险产品。

个人养老金对资本市场的影响

还有很多人关心，个人养老金会带动多少资金入市。对纳税人群来讲，我觉得个人养老金的吸引力不大。

一是因为目前个人养老金每年的限额是 12 000 元，相当于每个月 1 000 元。从国际经验来看，这个上限是不算高的，以平均职工工资来算，我国个人养老金的税收优惠幅度只占到工资的 0.34%，是低于日本、美国的同类比例的。

二是因为受益人群有限。它对年收入超过 96 000 元的人才有激励作用，可能很多人觉得这个收入水平不高，实际上放在全国来看，这个收入水平已经是很高的了。我们国家的纳税人口只占到城镇就业人口的 15%，月入过万元的人口比例只有不到 2%，月收入在 1 000 元以下的还有 6 亿人。所以，个人养老金的门槛实际上是挺高的。综合判断，我认为个人养老金初期的规模不会太大。

如果 7 000 万缴税人口的 20%~30% 参加了个人养老金计划，那每年新增的养老金就是 1 500 亿~2 500 亿元，5 年后存量有可能超过 1 万亿元，长期来看是利好的，但短期效果其实没有那么明显。

美国养老基金的入市推动了共同基金的繁荣，但从我们国家的情况来看，可能初期规模没有那么大，对股市的影响也不会太明显。对我们来讲，更重要的是，在参与个人养老金投资时，搞清楚什么人适合以什么样的方式买什么样的产品。

避坑指南：
如何避免财富大幅度缩水

在本书的最后一节，我们讲讲如何避坑，也就是如何避免自己的财富断崖式缩水。我想，有过投资经历，哪怕是买房经历的人，都会有很多经验以及教训。可以这样说，过去这些年，很多人似乎没有收获太多经验，却有了很多教训，有的人甚至踩到了大坑。我曾跟同事开玩笑，说投资过程中很难避免踩坑，但一定要注意别踩到大坑，踩个小坑，积累经验也好，如果踩到大坑，很多人极有可能血本无归。

机构投资者因为有长期经验，有投资纪律要求，形成了对投资范围、仓位、对冲等的一系列严格规定。比如，银行在投资债券的时候，只能投 AA 级以上的债券，保险公司投资单一的股票绝对不能超过总资产的 5%，这是有硬性规定的。

但个人投资者既没有那么强的纪律约束，也很难规避人性的弱点。我给大家介绍投资里的一些坑,供大家参考,尽量避免。

警惕金融"庞氏骗局"

这几年"庞氏骗局"很多,有的事件还被拍成了电影,以下举的案例均已被公安机关立案侦查。

比如e租宝,当时它号称集团下属的融资租赁公司与项目公司签约,然后在e租宝平台上以债权转让的形式发标融资,融到资金以后,项目公司向租赁公司支付租金,租赁公司向投资人支付收益和本金。你是不是觉得这个过程挺绕的?绕来绕去,最后投资者的钱没有了。根据媒体的公开报道,e租宝的总裁张敏在被关押期间交代,e租宝就是一个彻头彻尾的庞氏骗局,利用假项目、假三方、假担保三步障眼法制造骗局,超过95%的项目都是虚假的。

再比如昆明泛亚交易所,通过金属现货投资和贸易平台自买自卖,操控平台价格,使泛亚的价格比现货市场价格高出25%~30%,每年上涨约20%,交易看起来很火爆,然后借此用日金宝这样的高收益产品吸引投资者。每年上涨20%,只是为了让交货商不交保证金,并没有带来实际的增量资金,投资者年化 13.5% 的日金宝理财收益，都来自自己的本金或者新增投资者的本金。当你关注收益的时候，他们在关注你的本金，所以当新增资金停止进入或者进入放缓，整个体系就崩盘了。

这些案例其实有几个共性：

一是一般都会承诺一个固定收益。不管这些产品靠不靠谱，销售人员在向你推销的时候，一般都说不会亏损，有固定收益。大家要知道，安全和收益永远是矛盾的，高收益就意味着高风险。

二是收益率特别高。以"中晋系"为例，它号称有 10%~25% 甚至 40% 的年化收益，远超市场的平均值。当然，在不同的年份、不同的阶段，我们对于年化收益率都有一个理论上的衡量。金融环境比较宽松、经济比较繁荣的时候，年化收益率达到 10% 似乎可以接受，但当金融环境比较紧、经济不太景气的时候，年化收益率达到 10% 就很难让人相信。

三是底层资产混乱，绕好几道弯，包装得很复杂。甚至有专家说，搞得很复杂的金融产品都是骗子。底层资产如果不清楚，基础是薄弱的，上层的产品随时都可能坍塌。

四是初期回报一般都不错，让你尝到甜头，背后是借新还旧，庞氏融资。这些产品初期必须让资金先滚动起来，让大家尝到甜头，去宣传，再拉新人进来。人越来越多、资金越滚越大的时候，平台方就卷款跑路了，这种情况最近几年可以说屡见不鲜。

克服损失厌恶

同一只基金，亏 20% 和赚 20%，哪个带来的心理冲击更大？可能大部分人会觉得亏 20% 的心理冲击更大，因为亏钱对心理的影响更大，这就是投资中一种非常常见的心理，叫损失厌恶。

关于损失厌恶心理对我们的投资行为造成的影响，有两个经典的行为经济学实验。

a 实验有以下两个选项：确定获得 100 元；有 50% 的可能性拿到 200 元，有 50% 的可能性一分钱也拿不到。大多数人会怎么选？会选第一种，先拿到 100 元。

b 实验有以下两个选项：确定损失 100 元；有 50% 的可能性损失 200 元，有 50% 的可能性一分钱也不损失。这时候你会怎么选？大部分人都会选第二种。

现实中的投资也是如此，面对收益的时候，大家更多地表现出风险厌恶，面对亏损的时候，大家更多表现为冒险。

我们再举一个例子。如果你手中有两只股票，一只涨了

10元，另一只跌了10元，现在你急着用钱，必须卖掉一只，你会卖掉哪一只？调查显示，大部分人会选择卖掉上涨的股票，因为股票上涨代表有了收益，卖了相当于赚了，落袋为安，但是没有考虑到它继续上涨的可能性。而股票下跌是损失，大部分人接受不了，总希望它能涨回来，以避免损失，如果卖掉，就感觉损失永远不可挽回了。事实上，正确的操作应该是卖掉正在跌的股票，及时止损，不然损失可能越来越大，或者说损失的概率越来越高。

假设投资者投资某股票10万元，股价跌去了20%，剩了8万元，这意味着股价需要再上涨25%才能挽回损失。如果在亏损20%的节点没有止损，等股价下跌到只有5万元本金的时候，股价要上涨100%才能挽回损失，这个概率会越变越低。

巴菲特说，投资就是别人贪婪时我恐惧，别人恐惧时我贪婪。道理大家都懂，但做起来太难了。所以，避免损失厌恶特别重要。

避免频繁交易、过度交易

很多人开了户就觉得自己能投资，能炒股票，天天琢磨着频繁地买进卖出，最后发现都给证券公司和财政做贡献了，因为要交佣金，要交印花税。过度交易其实是无视客观风险和收益的体现。

过度交易的根源还是在于没有形成正确的投资理念、投资纪律，没有风险管理能力。

美国曾经有一个统计，基于1926—1999年股票市场的情况对比了两种策略，一种策略是买入后一直持有，另一种策略是用最好的分析师来进行择时交易。结果是什么？择时策略能够在1/3的时间打败一直持有策略，也就是说，另外2/3的时间择时策略是无法战胜一直持有策略的。这说明什么？说明即便是最专业的分析师，如果过度操作，也很难跑赢市场。

股市的持续上涨其实是个短期现象、极个别现象，盘整、震荡、下跌才是常态。如果频繁交易，很难做出科学决策，也很容易错过最好的时机，追涨杀跌就成了频繁交易的一个副产品，所以要避免频繁交易、过度交易。

拒绝盲从，独立思考

这也是一件说起来容易做起来难的事，因为你其实不是在和市场上的其他投资者竞争或者博弈，而是在跟自己，跟脑海中的另外一个自己，或者说跟真实的自己博弈。

人们在投资中很容易受到其他投资行为、市场波动的影响，一旦市场出现某种一致性行动，大家一定会不假思索地一哄而上，然后出现羊群效应。羊群效应的结果一般就是集体"阵亡"。大家一哄而上，资产价格在极短的时间内透支掉所有的涨幅，导致你一进去就买到高点，你一出来市场就见底了。

巴菲特的启蒙老师格雷厄姆曾经说过，牛市是普通投资者亏损的最主要原因。越是在牛市的时候，普通投资者越经受不住市场大势的诱惑，盲目地追涨杀跌，最后被套牢。这种情况在市场上每天都在发生，所以我给大家总结有限的一些坑、一些案例，希望大家能够有所反思。

从我个人的体会来讲，每个人由于自己的专业能力、资金规模、性格、风险偏好等，都会逐渐形成一套属于自己的投资理财策略，这涉及价值观，涉及对市场的认识，涉及专业能力。可以这样说，不经历几次市场的波动，不经历几次牛熊周期，是很难充分体会到这些的。

除了以上这些市场上的风险、市场上的坑，可以总结的还有非常非常多。无论是买房还是买股票，或者买债券、外汇，这一节的内容都是提纲挈领的，供大家思考、复盘。希望我们共同学习提高，逐渐形成有自己的价值观、投资纪律和风险对冲工具的投资体系。

我们一起努力！